本当のTPP

あなたはどこまで知っていますか

ITAGAKI EIKEN

板垣英憲

共栄書房

ＴＰＰ 本当のネライ――あなたはどこまで知っていますか◆目次

まえがき　9

第1章　ＴＰＰとアメリカの食糧支配　20

まえがき

＊ＴＰＰ交渉は二〇一三年内の交渉妥結が目標

環太平洋戦略的経済連携協定（ＴＰＰ）交渉参加国（先行参加一一か国＝ベトナム、ブルネイ、ペルー、チリ、シンガポール、マレーシア、オーストラリア、ニュージーランド、米国、カナダ、メキシコと、二〇一三年七月二三日午後から初参加の日本の計一二か国）は、二〇一三年一〇月にインドネシアで開かれるアジア太平洋経済協力会議（ＡＰＥＣ）首脳会議に合わせた会合で「基本合意」したうえで、年内の交渉妥結を目標に掲げて厳しい協議を進めている。難航すれば、越年する可能性もあり得るという。

「ＴＰＰ貿易閣僚による首脳への報告書」等（二〇一二年九月に発出）は、ＴＰＰの基本的考え方について、こう述べている。

1．高い水準の自由化が目標＝アジア太平洋自由貿易圏（ＦＴＡＡＰ）に向けた道筋の中で実際に交渉が開始されており、アジア太平洋地域における高い水準の自由化が目標。

2．非関税分野や新しい分野を含む包括的な協定＝ＦＴＡの基本的な構成要素である物品市場アクセス（物品の関税の撤廃・削減）やサービス貿易のみではなく、非関税分野（投資、競争、知的財産、政府調達等）のルール作りのほか、新しい分野（環境、労働、「分野横断的事項」等）を含む包括的協定として交渉されている。

ＴＰＰ交渉は、以下の二一分野で実施されており、最終的に二九章で構成する協定にまとめる計画だという。

（１）物品市場アクセス（作業部会としては、農業、繊維・衣料品、工業）＝物品の貿易に関して、関税の撤廃や削減の方法等を定めるとともに、内国民待遇など物品の貿易を行う上での基本的なルールを定める。

（２）原産地規則＝関税の減免の対象となる「締約国の原産品（＝締約国で生産された産品）」として認められる基準や証明制度等について定める。

（３）貿易円滑化＝貿易規則の透明性の向上や貿易手続きの簡素化等について定める。

（４）ＳＰＳ（衛生植物検疫）＝食品の安全を確保したり、動物や植物が病気にかからないようにするための措置の実施に関するルールについて定める。

（５）ＴＢＴ（貿易の技術的障害）＝安全や環境保全等の目的から製品の特質やその生産工程等について「規格」が定められることがあるところ、これが貿易の不必要な障害とならないように、ルールを定める。

（６）貿易救済（セーフガード等）＝ある産品の輸入が急増し、国内産業に被害が生じたり、そのおそれがある場合、国内産業保護のために当該産品に対して、一時的にとることのできる緊急措置（セーフガード措置）について定める。

（7）政府調達＝中央政府や地方政府等による物品・サービスの調達に関して、内国民待遇の原則や入札の手続等のルールについて定める。

（8）知的財産＝知的財産の十分で効果的な保護、模倣品や海賊版に対する取締り等について定める。

（9）競争政策＝貿易・投資の自由化で得られる利益が、カルテル等により害されるのを防ぐため、競争法・政策の強化・改善、政府間の協力等について定める。

〔サービス〕

（10）越境サービス＝国境を越えるサービスの提供（サービス貿易）に対する無差別待遇や数量規制等の貿易制限的な措置に関するルールを定めるとともに、市場アクセスを改善する。

（11）一時的入国＝貿易・投資等のビジネスに従事する自然人の入国及び一時的な滞在の要件や手続等に関するルールを定める。

（12）金融サービス＝金融分野の国境を越えるサービスの提供について、金融サービス分野に特有の定義やルールを定める。

（13）電気通信＝電気通信の分野について、通信インフラを有する主要なサービス提供者の義務等に関するルールを定める。

（14）電子商取引＝電子商取引のための環境・ルールを整備する上で必要となる原則等につい

て定める。
(15) 投資＝内外投資家の無差別原則（内国民待遇、最恵国待遇）、投資に関する紛争解決手続等について定める。
(16) 環境＝貿易や投資の促進のために環境基準を緩和しないこと等を定める。
(17) 労働＝貿易や投資の促進のために労働基準を緩和すべきでないこと等について定める。
(18) 制度的事項＝協定の運用等について当事国間で協議等を行う「合同委員会」の設置やその権限等について定める。
(19) 紛争解決＝協定の解釈の不一致等による締約国間の紛争を解決する際の手続きについて定める。
(20) 協力＝協定の合意事項を履行するための国内体制が不十分な国に、技術支援や人材育成を行うこと等について定める。
(21) 分野横断的事項＝複数の分野にまたがる規制や規則が、通商上の障害にならないよう、規定を設ける。

＊「重要五品目」を関税撤廃の対象から除外できるか否か

しかし、日本は、TPP交渉参加表明が遅れたので、マレーシア東部コタキナバルで開かれた「TPP拡大交渉会合」（二〇一三年七月一五日～二五日）で、米議会の承認手続きを経て、二三日午後からやっと合流できた。このため「コメ、麦、牛・豚肉、乳製品、サトウキビなど甘味資源作物の重要五品目」を関税撤廃の対象から除外できるか否かが問われている。日本がルール作りに関与できないのでは、意味がないからである。

ＴＰＰ交渉をめぐる日米事前協議（四月）で、安倍晋三政権は、著作権を含む知的財産分野の交渉方針を米国と統合する案を示したなかで、著作権の保護期間を権利者の死後五〇年から七〇年に延長することを明らかにしている。知財分野は新興国と先進国の利害が一致せず、交渉が遅れているのを見て、日本は米国と連携を強化し、七月二三日に初参加した交渉で主導権を握ろうとしたのである。

また、環境分野で日本は、「漁業補助金の原則禁止」案に反対している。水産業に打撃を与えると憂慮しているからだ。

＊米国のＴＰＰ推進母体は、「民間企業連合」だ

安倍晋三首相が二〇一三年三月一五日、「ＴＰＰ参加」を正式に表明したのに合わせて、政府はＴＰＰ参加が日本経済に与える影響について「ＧＤＰ三・二兆円拡大」と発表した。けれども、これらの数字がどこまで信用できるかは、極めて疑わしい。

そればかりか、最も大事なことについて何も説明しようとしていない。それは米国企業がＴＰＰ実現によってどんな戦略を立てているかである。「ＴＰＰ推進の圧力団体である米国の業

界」は、オバマ政権に対して強烈な目標を立てて、猛烈にアタックし続けているのだ。
安倍晋三首相は、「アベノミクス」（次元の異なる大胆な金融緩和、大規模の財政出動、成長戦略の三本の矢）を旗印に「デフレ脱却」「景気押し上げ」を図ろうと大胆な政策を強力に進めている。そのムードに乗せられ、日本国民、企業経営者の多くが「花見酒経済」＝「バブル経済」の再来を夢見ていている。だが、バブルは、やがては弾ける。このことに気づいたときは、「後の祭り」のことなどは意識の外にあるのが現実である。
ＴＰＰに参加すると、日本は具体的にはどんなふうにされるのであろうか？　米国が、ＴＰＰに取り組む「世界戦略」とは何か？　日本をどうしようとしているのか？　その戦略推進母体とは何か？
米国ではＴＰＰを推進するために民間企業連合が作られている。この米国民間企業連合は二四の作業部会に対して様々な要求を行っている。
主な企業は次の通りである。
（金融分野）▽シティグループ▽ゴールドマン・サックス社
（通信分野）▽ＡＴ＆Ｔ▽ジェネラル・インスツルメンツ
（建設会社）▽ベクテル社（米最大ゼネコン、イラク攻撃の後、再建を独占↓東日本大震災被災地の復旧復興事業への参加戦略）▽キャタピラー
（航空機製造）▽ロッキード・マーチン社（戦闘機など軍用機、日本の次期戦闘機ＦＸ↓最有

力候補だったＦ３５に決定）▽ボーイング社（航空機、戦闘機など軍用機、日本の次期戦闘機ＦＸの候補はＦＡ１８Ｅスーパーホーネットだった）
（飲料分野）▽コカ・コーラ
（物流サービス）▽フェデックス
（ＩＴ）▽ヒューレット・パッカード▽ＩＢＭ▽インテル▽マイクロソフト▽オラクル
（医薬品メーカー）▽ファイザー▽ジョンソン・エンド・ジョンソン▽先進医療技術協会▽ギリアド・サイエンス社（インフルエンザ特効薬タミフルを開発しその特許を所有しているバイオテック企業）
（保険）▽生命保険会社協議会▽ＡＩＧ（世界最大の保険会社）
（小売業）▽ウォルマート
（メディア）▽タイム・ワーナー
（農業系団体）▽カーギル社（世界最大穀物商社、戦後の小麦戦略→ハンバーガー戦略→トウモロコシ、大豆によるバイオ・エタノール戦略）▽モンサント社（バイオメジャー＝バイオテクノロジーの多国籍企業、遺伝子組み換え技術開発の世界最大手、ベトナム戦争の枯葉剤製造、遺伝子組み換え「ＢＴ綿」（種子は、通常の四倍の価格、経団連の米倉弘昌会長の住友化学と提携）▽米国大豆協会▽トウモロコシ精製協会▽全米豚肉生産者協議会、その他。

＊米国企業が描いている「国家戦略」を熟知する必要性

オバマ政権は、「市場拡大」を目指しているこれらの企業の強い要求を受けて、それぞれの企業にとって有利に働く「ルールづくり」を行おうとしている。だから、日本側は、個々の米国企業が、どんな「戦略」を描いて、オバマ政権に具体的に何を要求しているかを、よく見抜き、熟知する必要がある。そのうえで、交渉に参加して、「ルールづくり」の主導権を握られないようにしなくてはならない。

たとえば、米国最大手化学肥料会社モンサント社は、自社が開発した「F1」という種子（F＝Family、一世代しか使えない種子）である。これを武器にして、「食糧支配」を実現しようとしている。米国が日本市場の自由化を求めて圧力をかけようとしているものの代表例なのだ。

製薬分野では、米国の製薬会社が開発し、米国の検査基準で認可した新薬を日本の検査基準を改めて検査しなくても売れるように規制緩和を求めている。ジェネリック薬品は販売させなくしようとしている。

保険分野では日本郵政が計画している簡易保険の販売を制限して、「ガン保険」などの事業をさせなくしたい。また、民間企業の「互助会」にも、参画したい。

米国企業が農地を取得して株式会社が日本農業に参入できるように「第二の農地解放」を要求している。学校経営も同様で、米国の株式会社が学校経営をしやすくすることを求めている。

病院経営についても、いまの医療法人による経営のみでなく、米国株式会社が参入できるように圧力をかけてきている。

米国側の要求は、これらに止まらない。

米国側は、日本に数々の「規制の撤廃」による門戸解放を求めているという。「非関税障壁」にことごとくクレームをつけ、「規制緩和・撤廃」を実現させようとしている。「市場開放」「門戸開放」とは聞こえは良いけれど、気づいたときは「後の祭り」ということになりかねない。

＊オバマ大統領は、「太平洋覇権の再確立」を急いでいる

オバマ大統領は、自ら主導してＴＰＰを成立させ、これをベースに、環太平洋地域での軍事的覇権（米海軍兵学校のアルフレッド・マハン校長が提唱した「シーパワー（海上権力論）」）を再構築しようとしている。ズバリ、「中国包囲網」である。近年の中国共産党一党独裁の北京政府は、猛烈な勢いで軍拡を進めており、「太平洋覇権の再確立」を急いでいる。太平洋の覇者・米国は、これを見逃すわけにはいかないのである。

それ故に、日米安保条約により、同盟関係にある日本のＴＰＰへの参加を強烈に求めているのだ。その先頭に米ＣＩＡ軍事部門資金担当のリチャード・アーミテージ元国務副長官ら対日工作者が立っている。

安倍晋三政権は、ＴＰＰ参加一一カ国がこれまでにどんな「ルールづくり」をして、「何を例外」として認めているのか、日本に対して「何を求めているのか」などを明らかにしていない。

しかも「交渉に参加してみないと分からない」などと無責任なことを言っている。しかし、米国でＴＰＰ推進をしている民間企業連合に参加している個々の企業に聞いてみれば、ある程度のことはつかめるハズであるのに、その努力をしている形跡はみられない。日本国民や企業の多くが、恐怖と不安を抱くのは当たり前である。

また日本がＴＰＰに参加することの大きな問題のことの一つに、「ＩＳＤＳ条項」(Investor State Dispute Settlement)」というのがある。

投資家は、投資受入国を相手方として、当該国の措置により損害が生じたことを理由として国際投資紛争解決センター（ＩＣＳＩＤ）という仲裁機関に直接申立てを行い、その補償を求めることができるという条項だ。

米国側は、「米国の対外投資にとって安定した非差別的な法的環境の典型をつくり出すために、強力な投資保護、市場開放規定、紛争解決を組み込むべき」と主張しているという。

ＩＣＳＩＤは国際投資紛争の調停と仲裁を行う場を提供することで、外国投資の促進に貢献している。ＩＣＳＩＤの存在は、国家と外国投資家が信頼関係を育む一助となっており、国際投資協定の多くはＩＣＳＩＤを仲裁機関に指定。また、紛争解決や外国投資法に関する出版物も発行。これがＴＰＰにおいて実現すると、投資企業が加盟国の政府や地方自治体を相手方として仲裁を申し立て、補償を得ることも可能になるのだという。

本書は、ＴＰＰに参加すると、米国の世界戦略に組み込まれた日本がどう変化させられるかを予測し、日本民族の「アイデンティティ（自己同一性）」をいかにすれば、保つことができるか、日本の伝統文化と美しい日本を守り、順風美俗とも言える「日本独特の共同体」をいかにすれば、再生できるかを探究する。

二〇一三年九月

板垣英憲

第1章　ＴＰＰとアメリカの食糧支配

＊米国最大のバイオ化学メーカー「モンサント社」に食糧支配される

安倍晋三首相は、米国オバマ大統領から「ＴＰＰ交渉参加」を強く求められて、「交渉参加」を表明した。

オバマ大統領は、「ＴＰＰ＝食糧支配（世界支配）」の戦略を展開し、その中心的な相手国を日本に設定している。貿易量から言って日本を上回る国はないからである。

実は、ＴＰＰ参加を求める相手国である日本のなかで、最も大きな狙いを定めているのが「日本の農家＝ＪＡ（農協）参加メンバー」である。

この農家をどうしようとしているのか。ズバリ言おう。米国最大の「遺伝子組み換えのハイブリッド種子」である「Ｆ１」（Ｆ＝Family　１＝一世代種子）、つまり一世代しか使えない種子を全農家に使用させて、この「Ｆ１」しか使えなくして、事実上、食糧支配を行おうとする計画＝企みである。

自由貿易論に立脚すれば、ＴＰＰは確かに正論に聞こえるけれども、米国が主導権を握って構築するルールが、日本にとっていわゆる「不平等条約」になるばかりでなく、世界屈指のバイオ化学メーカーである米国最大のモンサント社と世界最大穀物商社カーギル社連携により、「遺伝子組み換え種苗Ｆ1種子」の使用を強制され、「食糧支配」下に置かれることになる。つまり、日本が食糧支配により米国の植民地になることを意味しているのだ。ＴＰＰ参加の危険性の本質は、ここにある。

モンサント社は、米軍がベトナム戦争で使用した枯葉剤の製造メーカーとして有名だが、いまは「遺伝子組み換え種苗Ｆ1種」の製造メーカーとして地球全域を席巻している。世界各国、各地の農家に使用を強制して、「食糧支配」下に組み込み、奴隷化を行っている。日本も例外ではなく、食糧支配により米国の植民地にされようとしているのだ。

日本の農家ばかりでなく全世界の農家がモンサント社の「Ｆ1種子」を使うことになり、食糧支配に屈せざるを得なくなるのである。これは、モンサント社の常套手段である。

ところが、驚くなかれ、日本の農家の多くが、すでにモンサント社やこの会社の戦略に組みしている日本の学者などの甘言に乗せられて、すでに「野菜」などの「Ｆ1種子」を毎年購入して使用しているというのである。

これは、東北地方の「コメどころ」で聞いた話である。「野菜のＦ1種子」を使用している農家は、事実上モンサント社の支配下にあるというのだ。最後の「砦」は、「コメの種子」という。

かろうじて、ここのところで、モンサント社の戦略に飲み込まれるのを防いでいるといい、実に日本の食糧安保は、危機的状態にある。つまり、「コメの種子」を突破されると、日本農業は完全にモンサント社の支配下に置かれるということだ。

Ｆ１種子の使用を拒否する農家には、わざと密かにＦ１をばら撒き、「無許可で使用している。特許権侵害だ。裁判に訴えるゾ」と言って脅す。裁判を受けて立つ資力のない農家は、泣く泣く、Ｆ１を使用するようになる。モンサント社は、世界中での訴訟に備えて、お抱えのいわゆる社員弁護士を大勢雇っている。これらの弁護士は、米国のルールに従い、進出先の企業にいちゃもんをつけて訴訟を起こしては、損害賠償金で儲けている。

産経新聞ｍｓｎ産経ニュースは二〇一三年三月二九日、「日本にも影響か〈モンサント保護法〉が米で成立」という見出しをつけて、以下のように報じている。

「3月26日、アメリカで包括予算割当法（ＨＲ９９３）がオバマ大統領の署名により成立した。この法案は別名〈モンサント保護法〉と言われており、第７３５条に、モンサント社などが販売する遺伝子組み換え作物で消費者に健康被害が出ても、因果関係が証明されない限り種子の販売や植栽を法的に停止させることができない、と定めている。この法案撤回を求めるオバマ大統領への請願書に二五万人以上の署名が寄せられたが、成立を阻止することはできなかった」

フランスの研究者、ジル・エリック・ゼラリーニは、モンサント社製の遺伝子組み換えトウモロコシに発がん性があることを突き止めて、遺伝子組み換え作物の危険性が立証されているという。

しかし、遺伝子組み換えトウモロコシや、その種子、苗などの作付けを拒否すれば、ＴＰＰ違反となる。このため、健康被害が疑われていても、立証責任は、被害者にあるので、立証するのは、極めて難しい。従って、遺伝子組み換え作物法的に規制することが困難になる。

＊野口種苗研究所の野口勲所長が、モンサント社の危険性を警告

遺伝子組み換え種子の危険性について警鐘を鳴らし、「固定種」の研究・販売に専念している野口種苗研究所（埼玉県飯能市）の野口勲所長が日本種苗新聞の二〇一三年一月一一日号で「政府のＴＰＰ対応に懸念」「被害者を犯罪者にする恐れも」と題して、モンサント社の最近の動静を伝えて、危険性を警告しているので、以下のように紹介しておこう。

「年末の衆議院選挙で、ＴＰＰ加盟を公約にした民主党が惨敗しました。『食の安全安心の基

準を守り《聖域なき関税撤廃》を前提とする限り交渉参加に反対する』と言っていた自民党の勝利で、日本農業が守られるのかと、一瞬淡い期待を持たされました。しかし勝利後の安倍総裁の第一声は『アメリカの日本に対する要求がどんなものかよく見ていかなければならない』と言い、米国の意向を確認する姿勢を明らかにしました。情報収集に当たるのは農水省をはじめとする官僚たちでしょうから、民主党と同じ轍をたどるのはつとに見えているような気がします。農水省が現在進めている農政は、農業の大規模化と企業の参入ですから、やがて農業分野が外資に解放され、遺伝子組み換え種子の流入などで、食の安全安心が担保できなくなると思うのも、あながち杞憂ではないと思います。

昨年秋、茨城のモンサント研究農場の見学から帰った若い農民が、当店を訪ねました。『ここで見学したことを外部に話し、それによって損害が生じた場合は、賠償に応じる』という書類に、まず署名させられるんですよ、と言ってから、次のような話を聞かせてくれました。

遺伝子組み換えのタネを日本国内で販売しているのか？　と聞くと『売ってくれという農家は多いが、契約者以外に遺伝子が漏出した場合、日本にはまだそれを摘発する組織ができていないため、販売していない』という返事でした。いわゆるモンサントポリスができたら販売するということのようです。

遺伝子組み換え種子の花粉が外部に飛散した場合、それで除草剤耐性や殺虫毒素生成などモンサント社の特許を侵害する作物が周囲に広がるおそれがあります。意図せず花粉で汚染された作物を自家採種した農家や、そのタネを買って販売した種苗業者などを摘発し、損害賠償を請求する仕組みがまだ日本では機能していないため、販売を控えているというのです。

こうした摘発機構は、モンサント社が独自に作るのでしょうか？　いくら世界的大企業とはいえ、日本全国に摘発人を配置するのは大変です。ＴＰＰが発効したとき、その条項に基づいて日本の警察が調査し、摘発するのではないでしょうか？　花粉汚染の被害者が犯罪者に仕立て上げられるような悪夢の日が来ないよう願うばかりです」

何とも、恐ろしい話である。日本国民の目の届かない「秘密の場所」で、とんでもない策動が繰り広げられているということである。

＊米国の裁判所は、「遺伝子組み換え食品」の表示を認めず

また、消費者団体が、「遺伝子組み換え食品」の表示を求める訴えを起こしたのに対して、米国の裁判所は、「表示義務」を認めない判決を下しており、これが、米国の判例となっているという。

さらに、Ｆ１使用作物で健康被害が起きる場合を想定して、ＡＩＧなどの生命保険会社が世界中で営業活動している。同時に米国の医療機関が、健康被害者の治療に関わろうとする。

このように、Ｆ１マフィアが、「食糧支配」により、世界征服を企て、いままさに、人口調

節にまで手を染めている。これがTPPの陰に隠された真の目的であり、経団連も加担しているのである。

日本国民の大半は、この現実を知らない。ましてや、日本の食糧安保に責任のある政治家のほとんどが「無知状態」にあるという。政治家が欲しいのは「農家の票」にすぎない。

モンサント社と、これに同調する日本の学者が「F1種子を大量に使って大儲けすればいいのではない」と言って宣伝しているように、この甘言に乗せられて、事の本質を見抜けない農家と農協が増えれば、いまや、「TPP交渉に参加しても悪くはない」という世論が支配的になってきている。

＊経団連の米倉弘昌会長が、モンサント社と手を組む

日本経済団体連合会（経団連）の米倉弘昌会長がTPP参加に積極的である。モンサント社の「F1種子」と深い関係があるからなのか？

経団連（米倉弘昌会長＝住友化学会長）が二〇一二年秋から二〇一三年夏まで、全米の主要都市で、「TPPへの日本の参加」をにらみ、「日米経済連携の強化」をテーマにしたシンポジウムを複数回行うという。日本経済新聞のワシントン特派員・矢沢俊樹記者が、八月二七日付電子版で伝えている。

シンポジウムを開催、運営するのは、経団連ワシントン（油木清明代表）と「全米日米協

会」で、各地の企業経営者や連邦議会議員、各州議会議員、有識者らの参加予定のシンポジウムでは、日系企業の活動状況やこれまでの実績を示し、日本がＴＰＰに参加することによって、いかに米国社会に貢献できるか、具体的には、日系企業の進出により、いかに雇用を拡大でき、産業技術の集積が進むかなどをアピールしたという。

日本政府に対してＴＰＰに参加するよう積極的に要求してきたのは米国であり、とくに米国ＣＩＡ対日工作者は、たとえば「第三回アーミテージ・レポート」（二〇一二年八月一五日付け）のなかで、「日本は早くＴＰＰに参加するよう」勧告していた。

これに対して、米自動車業界では、軽自動車に強い日本の自動車企業の米国進出を嫌い、日本のＴＰＰ参加を、逆に阻止しようとしている。このため経団連は、シンポジウムを通じて、日本がＴＰＰに参加することによって、米国に大きなプラスを与えられることを力説しようとしてきた。

つまり、ＴＰＰ参加に反対する勢力は、日本国内にいるばかりでなく、米国内にも存在しているので、ともかく米国内の障害を取り除こうというのが、このシンポジウムの最大の狙いだった。

だが、経団連がなぜ、そこまでして日本のＴＰＰ参加に積極的、かつ、熱心に取り組んでいるのかという素朴な疑問が生じてくる。

その答えは、経団連の米倉弘昌会長が、住友化学会長であるというところに潜んでいる。住友化学（農薬や肥料を含め大手総合化学メーカー）＝モンサント社（世界屈指のバイオ化学メーカー）＝カーギル社（世界最大穀物商社）は、連携関係にあるのだ。

とくにカーギル社は、世界最大の穀物商社であり、大東亜戦争後は、日本に対する「小麦戦略」を展開し、続いて「マクドナルド社」との提携により、トウモロコシを食べさせたアメリカ産の肉牛を日本に輸出し、ハンバーガーを普及してきた。「胃袋」からの支配を徹底的に進めてきたのである。

近年は、目ざましい成長を遂げつつある中国に進出し、中国農民に肉牛を育てさせるため、トウモロコシを輸出して、中国をやはり「胃袋」から支配しようとしている。

ロックフェラー財閥系の金融機関は、世界中の種苗会社を次から次に買収し続けており、F1種子を普及している。日本では、タキイ種苗、トキタ種苗、日本農材、みかど協和、カネコ種苗、武蔵野種苗、サカタ種苗など種苗会社の九〇％以上が軍門に下っており、まだ独自路線を守っているのは、野口種苗（埼玉県）などごく少数だという。

＊米国資本が日本の農地を買占めている

安倍晋三首相の「アベノミクス」が、次第にその正体を現し始めている。

日本テレビ系列の報道番組「ウェークアップ！ぷらす」（二〇一三年二月一六日）に政府の「産業競争力会議」メンバーの一人である竹中平蔵元総務相（慶応大教授）が出演し、「規制緩和」の必要性について力説した。このなかで「農地法を改正して株式会社が参入できるようにすべきである」という趣旨の発言をした。

日本の農地は大東亜戦争に敗北して連合国軍最高司令部（GHQ）が占領して断行した、いわゆる農地解放で大地主から小作人に渡されたのである。農地法に守られて、農家から一般国民や企業などに農地が転売されるのを防いでいる。このため耕作放棄地は全国的に増え、その規模は、埼玉県の広さに相当する面積になっている。その根底には、農家の高齢化、後継者不足などの原因がある。

このため、農業の国際競争力が伸びない元凶にもなっていると、これらの問題を指摘したうえで、竹中平蔵元総務相は、農地法を改正して、農家のための農地の保護という「既得権益保護」を目的とした規制を緩和・撤廃することを強調した。これが産業競争力強化に資するという考え方なのである。

農地法（昭和二七年七月一五日法律第二二九号）は、農家保護を目的として農地について制定された。

しかし、世界的に大規模経営が主流であるのに反して、日本では、土地の所有者が大幅に増加した。とくに機械の稼働能率が低く、農家の後継者が育たず、政府は、先進的な専業農家の担い手を増やしてこなかった。また、食管制度温存による「米優先農政」に力を入れて、コメの過剰生産を調整するため「減反政策」を進めた挙句の果てに、日本農業は国際競争力が次第に低下した。

そこで政府は、遅まきながら、農地改革に乗り出し、農地法改正法案が二〇〇九年六月一七日参議院本会議で可決成立した。改正農地法は二〇〇九年一二月一五日から施行された。言うなれば、これは「第二の農地解放」であるとも言える。

この改正農地法は、戦後初めて、農地の利用権（賃借権）を原則自由にした。すなわち、「農地耕作者主義」をやめ、食糧の自給率向上や環境保全などに重大な障害を持ち込むおそれを回避できる「効果的および効率的な農地の利用」を目指している。

具体的には、農業生産法人や個人でなくとも、改正によりその他の会社やＮＰＯなどの法人も「農地を適正に利用」との形をとれば、そこに住んでいなくとも原則自由に農地を借りることができる。また、日本以外の外国資本を含めた農業生産法人が賃貸契約をすることが可能となっている。

さらに、利用期間（賃借期間）を二〇年間から最長五〇年間へと変更、従来の農業従事者だけでなく農業生産法人やそれ以外の法人も借地を行うことができる。違法な利用や転用は罰金最高三〇〇万円から一億円となった。この改正法施行により耕作放棄地や遊休農地の解消がされると言われる。また農業委員会の許可を得る場合などもある。またこの改正で標準小作料が廃止された。

だが、農業生産法人でない法人が借地する場合は、「農業に常時専従する者」を一人以上役員として加えなくてはならない。これは役員が農地の適正な利用を監視出来る効果があるとされているけれど、農地のさらなる「自由化」、すなわち、「規制緩和」を求める市場原理主義者たちは、「農業生産法人でない法人」の参入制限や「農業に常時専従する者」を役員にする必要要件の「撤廃」を求めており、「第三次農地解放」を推し進めようとしている。これを実現すると、「第三の農地解放」ということになる。だが、外国資本を含めた農業生産法人どころか、農業に無関係の外国資本が、堰を切ったように日本列島に押し寄せてくる危険性がある。

この農地解放に連動して、外国資本に狙われているのが、戦後解放を免れてきた「山林」である。日本列島の山林のかなりの部分を宮内庁が管理しているので、容易に手をつけることはできないだろうが、日本の山林地帯できれいな水を豊富に保っている場所を含めて「水源地を山ごと買占め」ている外国資本が跡を絶たない。いまのところ、中国の大金持ちが多数を占めているけれど、これからは、米国、欧州などから買占めに押しかけてくる動きが活発化してくる可能性が大であるので、安閑としてはいられない。だが、株式会社が農地を取得できるようにするのは、農業の国際化、産業競争力強化にとってプラスになるといえば聞こえは良いけれど、問題はその先にある。

株式会社に「外国資本」が入り込んで来れば、一体どうなるか。株式の過半数を取得すれば、日本の農地が事実上、外国資本のものとなる。日本全国の農地が外国資本に牛耳られると、これは事実上の「植民地化」を意味する。ひいては、日本民族の奴隷化にもつながりかねない。

戦後の農地解放の際、山林解放は行われなかった。山林の大半を天皇家（宮内庁管轄）が所有していたからである。最近、民間所有の山林に対して、中国人投資家や米国資本などが買い占める動きが活発化した。

これに対して、外国人に買い占められないよう規制を強化しようと法制化が叫ばれた。山林は天皇家が所有していることで大半は守られてきたのに対して、農地は一般の農家が所有しているため、農地法を改正して株式会社が買い取れるようにしてしまうと、たちまち、「外国資本」に食いつぶされることになる。それでなくても、農家が使っている「種子」の多くが、すでに米国の化学肥料会社「モンサント社」が開発した「F1種子」が、日本全国の農家に浸透してきている。

「モンサント社」の「F1種子」しか使えなくしているので、日本の農家は、モンサント社の「食糧支配」戦略によってがんじがらめにされているうえに、農地まで買い占められると、農家は、完全に「奴隷化」してしまうことになる。

竹中平蔵元総務相が、米国の市場原理主義者であるブッシュ政権の大統領経済諮問委員会のグレン・ハーバード委員長の直弟子であり、米国の意向を受けて活動していることを見逃してはならない。

＊日本は戦後、「米国の穀物戦略」の餌食にされてきた

軍事用語に「糧道を断つ」という言葉がある。敵が食糧を確保するために使っている道を断ち、兵糧攻めをすることである。籠城が長引けば、敵陣地に餓死者まで出てくる。その末に、敵城を陥落させる戦術である。

しかし、いまの日本は、食糧に恵まれ「飽食状態」にあるが、その多くを海外からの輸入に依存し、農業の自給率は、「三六％」にまで落ちている。戦後まもなくのころは、「八〇％」であったので、いまや輸入が途絶える事態にでもなれば、たちまちのうちに、「糧道」が断たれたのと同じような状態に陥る。

油が途絶えることを「油断」と言い、情報が途絶えるのを「情断」と呼ぶ。食糧が途絶えるのであるから、「糧断」というわけである。

米国で「BSE（狂牛病）」にかかった牛が発見され、日本政府は、アメリカからの牛肉の輸入を停止した。このため、「牛丼」の材料であるアメリカ産牛肉の在庫が底をつき、「吉野家」などが、「牛丼」の販売停止に追い込まれた。これは、外食産業が、牛丼の材料をアメリカ一国に依存していたのが、災いしたのである。この「牛丼」騒ぎにより、アメリカから日本にもたらされている食材が途絶えた場合、途端に「糧道を断たれる状態」に陥ってしまう危険があることを多くの日本人が思い知らされた。

国の安全保障は、軍事のみではない。海外から侵入してくるウィルスに対する防疫も立派な安全保障である。同様に、食糧安全保障も重要である。

だが、これまで日本人は、「糧断」に対してあまりにも無関心だった。「食糧の自給率」が「四〇%」を割り込んでいることにも鈍感だった。

それればかりではない。「食糧の自給率」がこれほどまでに低下したのかという事の本質に対しても、無関心でいた。

その本質を突けば、日本人の「胃袋」が、「国際穀物メジャー」に占領された結果であるということに行き着く。

戦後六八年の歴史を振り返ってみると、日本は戦後、「米国の穀物戦略」の餌食にされてきた。米国人が、明確な戦略目標を持って日本の台所を中心に食材を送り込み、ついに日本人の胃袋に対する「占領政策」を繰り広げかつ継続してきたかに気づかされる。

この米国の対日食糧戦略を遂行してきたのは、世界最大の穀物商社と言われる「カーギル社」をはじめとする穀物商社数社であった。これらの穀物商社は、トウモロコシを生産し、それを牛に食べさせ、成長した牛の肉を日本に輸出している。日本人の胃袋は、これらの国際穀物メジャーに占領されていると言っても過言ではない。国際穀物メジャーの対日穀物戦略の推移を整理すると、次のようにまとめられる。

まずは、粉乳である。次いで、「小麦戦略」で迫り、日本人の主食を「コメからパンへ」と転換させた。さらに、米国産の牛肉を食材とする「ハンバーガー」を全国に普及させるため、「マクドナルド社」が日本に上陸する。日本マクドナルド社の藤田社長がその先兵となり、日本人を子どものころから「ハンバーガー」に慣れさせ、「胃袋」を占領したのである。その先端に「吉野家」などの外食産業の企業によって「牛丼店」が全国に展開された。

これらの穀物メジャー間の競争は、一九八〇年代から「種子戦争」に突入し、米国などの農薬会社、医化学会社などとも提携を強め、「ハイブリッド」の種子の開発に取り組み、「特許」まで取得し、さらに世界中の種子を独占する勢いを示している。

国際穀物メジャーは、遺伝子組み換え技術によって「虫も嫌うトウモロコシ」を大量生産し、それを牛の飼料にしており、また、米国政府が最近、「放射線」による殺菌を認める動きを示し、日本国内では、すでに「食の安全性」の観点から危険視する声が上がりつつある。

＊「糧断」が起こると日本の食糧安全保障は、途端に脅かされる

そこで国際穀物メジャーの世界戦略の実態に肉薄しつつ、日本の「食糧安全保障」のあり方を提示しなくてはならない。

次に国際穀物メジャーについて、述べよう。

米国最大の穀物商社「カーギル社」（本社・ミネソタ州ミネアポリス、未上場）は米国の穀

物輸出の半分を占めている。カーギル社の世界戦略はいま、アジアを重点地域にしている。中国、インド、ASEAN諸国から、さらに北朝鮮を狙っている。日本は、成熟市場で世界でも有数の安定した消費地である。

だが、「不測の事態」が発生し、いざ「糧断」という危機状態が起きると、日本の食糧安全保障は、途端に脅かされる。これは、次のような事態が、警鐘を鳴らしている。

①米国牛肉の「BSE（狂牛病）」発覚による日本政府の輸入禁止措置＝「吉野家」など外食産業にダメージ。
②インフルエンザの猛威＝タイ、ベトナム、中国から日本へ伝染→養鶏経営者夫妻の自殺。
③天候異変によるコメの不作＝世界的な食糧危機が二〇一〇年ごろから始まる。
④世界の人口増（五六億人→六〇億人へ）
⑤中国は、二〇一五年ごろに一億トンの食糧不足、二〇三〇年ごろ一〇億人分約三億トン不足へ。
⑥アジア全体では、二〇二〇年ごろに、約一八億人分に当たる五億トン不足へ。
⑦日本も二〇一五年ごろから、食糧危機に襲われる。

食糧危機の要因としては、以下のようなことが考えられる。

①緑の革命の失敗＝一九五〇年代から化学肥料・農薬使用の農業→地力の劣化→農地の減少。

②牧草地の減少＝アマゾンなどの熱帯雨林の開拓と放牧地↓土地の荒廃。
③地球の砂漠化＝灌漑農業↓下流や農地での水の枯渇↓農地の減少。
④都市化・開発＝農地減少。
⑤オゾン層の破壊＝有害紫外線Ｂが植物の成長にも悪影響、食糧不足↓陸上生物全体の危機。有害紫外線Ｂが海中プランクトンを減少↓海の植物連鎖破壊↓漁獲料減少
⑥森林破壊↓農業に必要な土の減少↓食糧の減少、地球の温暖化↓農作物の収穫に大きな悪影響。
⑦「第二の緑の革命」＝遺伝子組替え技術・クローン技術などのバイオテクノロジーは未だ不安定で安全な食糧増産に不安を招く。

日本が講じなければならない食糧政策と対策は、
①農林水産省の農政＝減反政策の失敗を反省し、新たな農政の確立。農業の株式会社参入に対して、国内企業の積極参入を促す。外国企業参入を阻止する。
②国際穀物メジャーへの対抗策を講じる。とくに日本の商社の強化。
③「地産地消」（福井農協、宮城県登米市などの実例）。
④「食の安全」政策の強化（遺伝子組替え技術への警戒、食品に表示明示の義務化継続）。
⑤小泉純一郎元首相が提唱し始めた「食育」に力を入れる（明治の教育以来の言葉：「五育」

＝「食育・知育・体育・才育・徳育」)。

＊貧乏人は危険なものしか食べられなくなる

日刊ゲンダイは二〇一三年四月二日付紙面で「食べてはいけない中国猛毒食品リスト　1万頭のブタの死骸川に浮かぶ……」という見出しをつけて、その危険性を報じている。

中国の「カネ持ち層」は「輸出型」に変貌した農家が生産する日本から輸入される米や野菜、果実がいかに高価でも買い占めて食しているという。中国の貧乏人と日本の貧乏人は、農薬を多用する、米国や中国から洪水のごとく押し寄せて来る「猛毒食品」を買って食卓に上らせている。貧乏人はどこまで行っても不幸な目に遭わされているということだ。この貧富の格差は、日中両国で拡大しつつある。

日本では「アベノミクス」政策によって物価が急上昇する勢いを示している。それだけに中国産の安い価格の猛毒食品をますます買わざるを得なくなっている。

＊「TPP反対」デモに参加の農家もあきらめ顔

国際穀物メジャーの世界戦略の極め付けが、「TPP」なのだ。だが、農家の大半は、早くもあきらめ顔である。

日本人は古来、「長いものには巻かれやすい民族だ」と言われてきた。そのなかでも農家は、とくにこの民族性が強く、最後には「泣く子と地頭には勝てない」と言ってあきらめてしまうのだ。

日米の農産物交渉で、米国は一九八四年に牛肉・かんきつ類について順次輸入数量制限の撤廃を主張、一九八四年度から一九八七年度までの輸入枠の順次拡大などについて、一九八八年には一九九一年四月から輸入数量制限を撤廃することで日本に合意させた。一部乳製品、でんぷんなどの一二品目の輸入数量制限について圧力をかけて、一九八八年、プロセスチーズなどの輸入数量制限撤廃を合意させている。

これらの交渉の過程で、自民党の支持母体である農協は全国の農家を動員して国会周辺で大規模な「反対デモ」を行ったが、抵抗も虚しく、米国に押し切られてきた。

また、ＢＳＥ感染の肉牛の輸入制限について、内閣府の食品安全委員会プリオン専門調査会（座長＝吉川泰弘東大教授）が二〇〇五年三月二八日、ＢＳＥ（牛海綿状脳症）対策として、二〇〇一年一〇月から実施している国産牛の全頭検査を見直し、検査対象から生後二〇ヶ月以下の牛を除外することを了承した。だが、国民の多くは、政府がブッシュ大統領やライス国務長官らからの圧力に屈したとして、大きな怒りを感じていた。

この見直しは、国内の検査基準の緩和を意味しているので、即、米国牛への適用ということで違反していないとしても、この夏以降米国牛が輸入再開される可能性が大となってきていたからである。最後の砦は、日本国民＝消費者が賢くなって応戦することしかないという空気だった。米国最大の穀物商社（カーギル社）などメジャーの国際戦略の餌食にされてたまるかという反発心が強かったのである。

ところが、野田佳彦政権は、生後二〇ヶ月以内に輸入制限していたのを米国の強い要求を受けて生後三〇ヶ月以内に拡大したが、米国は「米国人が食べている牛肉をどうして日本人は食べないのか」と不満を示していた。これに農林水産省も抵抗し切れなくなっていた。

こうした有様について、農家や畜産農家のなかには、「いくらデモをして反対しても結局、最後には米国の要求を飲むしかなかった。今度ＴＰＰも同じことになるのだろう」と半分あきらめムードだ。

安倍晋三首相は、「ＴＰＰ交渉参加」を正式表明する前に自民党内での意見を集約する手続きを取った。そのために開いた会議（二〇一三年三月一一日）で、ＴＰＰ賛成派の西川公也ＴＰＰ対策委員長と反対派の尾辻秀久元厚労相とが激突して、お互いののしり合った。

翌日の三月一二日、農業団体が国会周辺で「ＴＰＰ反対デモ」を行った。だが、マスメディアの大半はこの自民党内の激突については「演技だ」、国会周辺の「反対デモ」についても、「農協のアリバイ作り」と断じた。つまるところは「ガス抜きにすぎない」という冷めた見方をしていた。それどころか、デモに参加していたハチ巻き姿の農家の人々は「安倍首相は、反対を押し切ってＴＰＰ参加を正式表明するだろう」とすでにあきらめ顔だった。

＊米韓ＦＴＡは他山の石

米国は韓国をすでに植民地化しており、次のターゲットは日本ということになった。韓国の李明博前大統領は、ＴＰＰの前段階とも言える「ＦＴＡ（自由貿易協定）」を米国（オバマ政権）との間で結び、多くの韓国国民から「売国奴」と呼ばれた。これは、李王朝末期の総理大臣だった李完用が一九一〇年八月二一日に韓国統監府承認のもと、韓国皇帝から全権委員に任命され、「韓国併合ニ関スル条約」（日韓併合条約）を調印し、「売国奴」の汚名を被せられたのに匹敵する国辱とされた。

ところで、米韓ＦＴＡ交渉は、盧武鉉大統領時代の二〇〇六年二月二日に開始され、二〇〇七年四月一日に締結し、同年六月三〇日に調印された。二〇〇八年二月二五日に就任した李明博大統領の下、さらに追加交渉が行われて、二〇一〇年一二月初旬に署名された。

米国での合意法案は二〇一一年一〇月一二日に下院を賛成二七八・反対一五一で、上院を賛成八三・反対一五で通過し可決された。

一方、韓国国会における批准同意案は、二〇一一年六月三日に韓国国会に提出され、野党が激しく反対し、二〇一一年一〇月二八日には、米韓ＦＴＡに反対するデモ隊が国会に乱入し、六七人が逮捕された。その後一一月二二日、議長職権で上程され、米韓ＦＴＡ批准同意案が可決された。

その後両国で発効のための詰めの協議を行った結果、二〇一二年三月一五日に発効。米韓Ｆ

TAの発効により五年以内に九五％の品目への関税を撤廃されることになっている。

この米韓FTAに対して、韓国国民の多くが、なぜ「不平等条約」として非難、李明博大統領を「売国奴」と呼ぶのか。

米国CIA対日工作者から「早くTPPに参加せよ」と迫られている日本にとって、これは決して他所事ではない。

農業ジャーナリストの金哲洙さんが、農業協同組合新聞JAcomの「二〇一二年新年特集号」に掲載された「韓米FTA反対集会の意義――経済優先の格差社会に警鐘」というタイトルのついたレポートのなかで、「農業の『五大毒素条項』」という節に、米韓FTAの問題点を以下のようにまとめているので、紹介しておこう。


韓米FTAに「五大毒素条項」が含まれていると指摘したのは、通商条例に詳しい弁護士の宋基昊（ソン・キホ）氏。ソウル大学を卒業し、農業法、食品法、国際取引通商法の弁護が専門だ。現在は、国際通商条約における新法律が憲法に反するかどうかをチェックし、憲法側に立って弁護することも担当している。そのため、各国とのFTA条約に非常に詳しく、いち早く韓米FTAの投資者・国家間訴訟制度（ISDS）を問題視し、大きな波紋を広げた。昼食をはさみ、氏に「五大毒素条項」について聞いた。その内容は、下記の通りだ。

一つは「特別緊急輸入制限措置（SSG＝セーフカード）」の無力化だ。世界貿易機関（W

ＴＯ）は、外国産農産物の輸入急増から国内農業を保護するためＳＳＧを設けている。しかし、韓米ＦＴＡにあるのは、ＳＳＧより品目が少なく、運用も難しい「農業緊急輸入制限措置（ＡＳＧ）」だ。輸入制限を発動できる基準はＳＳＧより厳しく、国内農業を守る効果が小さい。さらに発効一六年目以降、ＡＳＧは廃止される。それ以降に関しては、工業製品に適用する緊急輸入措置（ＳＧ）を利用するが、同じ農産物に対し「一回を超えて使用してはならない」となっている。しかし、米国には、韓国産自動車が輸入急増した場合の「一回使用」の制限がない。つまり、複数回発動が可能となっている。

二つ目は関税の撤廃問題だ。韓国の平均関税率は五五％だが、韓米ＦＴＡではこれがなくなる。韓国はＷＴＯ（世界貿易機関）に加盟する際、輸入を認める代価として五五％の関税率で保護することとなっている。その中には、農業も含んでおり、米国を含む各国から保障されている関税率だ。金泳三（キム・ヨンサム）政府が一九九四年、農民に対して韓国がＷＴＯに加盟しても農業衝撃を緩和する装置を作った、と宣伝したのがこれだ。しかし、韓米ＦＴＡでは、これがなくなる。

＊コメ、関税化の可能性も

三つ目は、米国式の遺伝子組み換え（ＧＭ）食品に関する基準を韓国に押し付けること。韓米は二〇〇七年四月、ＦＴＡ妥結直前に「農業生命工学了解覚書」を結んでしまった。韓国の

ＧＭ食品表示の法律や規制は、米国の理解が得られるものでなければいけないという内容だ。また、新たなＧＭ作物が出現しても、その作物が既存のＧＭ作物と「慣行的な交配」で生産した「次代交配種」の場合、その新ＧＭ作物による人間や動物、健康に関する危険性を評価することが出来なくなっている。そのため、消費者が求めるＧＭ食品表示の強化も不可能になるだろう。

四つ目は、米を関税化する可能性があることだ。韓米ＦＴＡは米を除外したといわれている。しかしウィキリークスによると、駐韓国の前米国大使（盧武鉉政権時）の外交文書では米の関税化について再協議するとしている。つまり、韓国で米国産米の輸入が増えるのは時間の問題だ。

五つ目は、韓米ＦＴＡを締結しても米国が補助金農業などを変えない点だ。米国の農業補助金制度は何の是正もされず、米国が将来、食品輸出を規制した場合に備えた対策もない。しかし、韓国は、韓米ＦＴＡがいつ発効するかに関係なく、豚の冷凍首肉やカルビは二〇一六年一月一日に二五％の関税を撤廃することとなっている。

このなかで、最重要なのは、「三つ目」である。「遺伝子組み換え種苗」により、米国は韓国に対してすでに「食糧支配体制」（新たな植民地）を築いてしまっているという重大な事実を見逃してはならない。

＊橋下徹市長は、「ＴＰＰ参加」を提唱

「日本維新の会」の「維新八策」には米国食糧による日本植民地化政策が含まれていて危険だ。大阪維新の会（代表・橋下徹大阪市長）は二〇一二年九月一二日、大阪市内で政治資金パーティーを開き、橋下徹市長は、国政政党「日本維新の会」結党を正式に宣言した。

橋下徹市長「ＴＰＰ参加」を何の疑いもなく、アプリオリに是認している。米国ＣＩＡ対日工作者の傀儡にならざるを得ないことが確定しているので、その意向に背くことができないのは、よくわかるけれども、それにしても、世界屈指のバイオ化学メーカーである米国モンサント社の世界戦略「食糧支配」と世界各国の「植民地化」政策の一環に日本も組み込まれることの認識を持たずして、安易にＴＰＰ参加に賛成するのは、迂闊であり、危険である。

これは単に農家や農業団体を守る、守らないの問題ではない。また消費者保護の問題に止まらず、日本民族の命運にかかわる問題である。橋下徹市長には、ここの点の認識が欠けている。

＊朝日新聞社説は、「モンサント社」のパシリ

朝日新聞が二〇一二年九月一八日付け朝刊の社説で「経済連携戦略―ＴＰＰが欠かせない」という見出しをつけて論説している。「経済的、外交的」な視点のみで、ＴＰＰ交渉参加を促しているが、米国政府・企業の国際戦略（米国の食糧による日本支配＝新しい植民地化）や日本国民・消費者の健康への悪影響などの視点が欠落しており、日本民族の将来に禍根を残す。

社説は「TPPへの積極的な姿勢を示すことは経済的にも、外交的にも局面を打開する糸口になりうる。TPPには『実態がわからない』『農業や医療制度が崩壊する』など反対論が根強い。正確な情報を集めるためにも交渉に加わり、ルール作りに日本の主張を反映させる。そう粘り強く説得していくことが政治のつとめだ」という。

朝日新聞の論説委員は、TPP交渉参加に反対している人々や団体が主張している「実態がわからない」、「農業や医療制度が崩壊する」など反対論について、深く掘り下げてみる努力を怠っている。「正確な情報を集めるためにも交渉に加わり、ルール作りに日本の主張を反映させる」というが、「正確な情報を集める」のは、新聞社などメディアの基本的な務めであるはずである。「ルール作りに日本の主張を反映させる」と言うならば、日本国内の反対論をよく理解していなければ、米国主導のルールづくりに押し切られてしまうのが、オチである。

朝日新聞の社説は、「TPP交渉参加→加盟」に国民を誘導しようとする宣伝としか読めない。はっきり言えば、米国の手先か、世界屈指のバイオ化学メーカー「モンサント社」のパシリとしか見えない。

＊日本の農家は、「独自の種子特許」で対抗するしかない

米国大手の化学肥料企業モンサント社は、この「みずほの国」を侵略しようと襲いかかってくる。その目的が世界的規模の「食糧支配」であるから、侵略を受ける側は、従来の力や弓や

ヤリ、あるいは、スキやクワなど素朴な武器で立ち向かってもとても勝ち目はない。やはり最新鋭の兵器でもって迎撃、応戦、ひいては、米国を「逆侵略する」気概を持って戦わなくてはならない。極めて自明の理である。

ならば、日本の農業にとって「最新鋭の兵器」とは何か。

そのひとつは、「独自の種子特許」である。モンサント社が、自ら開発した「Ｆ１種子」を使って世界的食糧支配を企てていることが分かっているので、これに対抗しなくてはならない。

第2章　ＴＰＰの最大のネライは保険だ

米国のＴＰＰ推進母体「民間企業連合」の主要メンバーである「保険業界」（生命保険会社協議会と世界最大の保険会社ＡＩＧ）は、日本の保険業界が保有している莫大な資産をメイン・ターゲットにしている。そのなかでも本丸は、「日本郵政」の「郵便貯金と簡易保険」である。そこに攻め込もうとしているという。

米国保険業界は、日本の保険業界と日本郵政（郵便貯金と簡易保険）が、様々な「政府規制」に守られていると認識しており、これら「非関税障壁」の緩和・撤廃を強く求めて、日本の保険市場のドアをこじ開けて、強引に参入しようとしている。そのために、米国は、日本にＴＰＰ参加をさせようとしているのだ。

こうした米国保険業界の「対日戦略」について、詳しく解き明かしてもらうべく、補償・共済・保証分野のコンサルティングを行っている株式会社グリーンオペレーションズの鮫島寛行ジェネラルマネージャーとの対談を試みた。

＊鮫島寛行プロフィール

一九五九年生まれ。補償・共済・保証ビジネスを展開する事業者に対するコンサルティングを行う企業に勤務する傍ら、ＣＦＰ・消費生活アドバイザー・年金アドバイザーの資格を活かした独立系ＦＰとして、賢い保険の入り方、不況にも強い運用の仕方などを個人向けに行っている。

対談に当たって、鮫島氏は、米国の「保険業界」（生命保険会社協議会と世界最大の保険会社AIG）の「対日戦略」の概略を自らまとめたペーパーを提供してくれた。その全文は、次の通りである。

1．米国は日本のどのような規制を取り払って、どのような形で参入したいと考えているのか

①「生活協同組合法」に基づいて運営されている各種共済（「COOP共済」、「県民共済」等）は、ⓐ保険料控除もあり、ⓑ毎年度の収支結果による割戻金もあり、ⓒ損害保険と生命保険を一枚で売る利便性もあり、ⓓ組合にかかる法人税の優遇措置（通常の法人は約二五％、組合は一九％）もあるので、明らかに米国生命保険会社から見ての非関税障壁となるはず。

②「健康保険制度」については、米国同様、保険診療と自由診療のミックスである混合診療を要求してくる可能性があり、患者には保険治療より高度な治療が現行の健康保険制度より少ない医療費負担で受けられるメリットが増えるとか何とか言って。混合診療になれば、いい治療が受けられる反面、医療費は保険医療のみより高騰するので、高くなる自己負担の医療費部分が医療保険の増収対象となる。

国内生保より医療保険の開発ノウハウ・販売テクニックのある米国保険会社のほうが明らかに有利となる。病院にとっても自由診療部分が多い方が儲かるし、政府の国庫負担部分が減ることを逆手にとり、混合診療のメリットを強調して自由診療部分を伸ばすことにより、医療保

険の増収を図ろうとする米国が、厚労省に圧力をかけ、やはり非関税障壁撤廃という口実で、我が国の保険医療部分の範囲を米国並みに縮小するよう要求してくる可能性もある。

③企業の職域（従業員向けの団体扱保険等）で規制されている「構成員契約規制」の撤廃を要求してくる可能性がある。

現在、我が国の大企業や中堅企業では、従業員の福利厚生やＯＢの受入れ先として、企業が出資して設立した「保険代理店」＝「別働隊代理店」が従業員の保険を取り扱っている場合が多い。従業員の保険の募集に当たっては、損保分野では特に規制はないが、生保分野では、別働隊代理店が第一分野を取り扱うことができず、第三分野しか取り扱えない。

これは、過去の日米保険協議と生損相互参入時の副産物で、国内生保は自社の生保外務員の職域を外資系や相互参入を果たしたい損保系生保に侵されたくない。一方、第三分野に強い外資系生保は、国内生保に邪魔されることなく、安定した所得者層から効率的に万遍なく医療保険・がん保険を獲得したいという利害が、当時一致したため現在に至るまで業界ルールとして存在している非関税障壁である。

「構成員契約規制」の理屈はこうだ。「別働隊代理店」を株式で支配している企業が従業員に圧力をかけて保険販売すれば、生保外務員の食い扶持が大きく侵害されるので、国内生保が大ダメージを受ける。

ところが、よく考えてみると、国内生保の保険外務員が企業の職域で保険募集ができるのは、国内生保が当該企業の大株主になっているからで、これぞ正しく株主である国内生保の圧力の最たるものではないかと思うが、ここは議論されない。

ところが、ＴＰＰが発動されると、米国生保は、銀行窓販だけではなく、コストがかからず従業員に一定の圧力がかけられる「別働隊代理店」を活用して、変額保険、変額年金、変額終身等、かれらが得意とする運用型の生保第一分野商品の解禁を求めて来るに違いない。

④従来の任意共済または無認可共済（法令に基づかない共済制度）も、平成一八年に次の選択を迫られ、会員メリットがはく奪され、市場適正化の大義名分の下、次の三つの選択を迫られる破目となった。

ⓐ共済組織から「少額短期保険会社」または「保険会社」に移行し、事業を継続する。

ⓑ共済事業を終わらせ、満期の都度、共済契約を終了させる。

ⓒ共済契約を既存の生損保に契約移転し、共済事業を終了させる。

当時、約二八〇〇団体程度あった共済組織のうち、全国四八九社が上記ⓐを目指し、全国の各地方財務局に登録したが、実際ⓐに移行したのは六〇社以下という実に悲惨な結果となった。現在、新規参入組も入れて七〇社程度しかない。

また、厚労省管轄の医師会関連等の無認可共済は、「少額短期保険会社」への移行を拒み続け、「認可特定保険業」として従来の共済を販売し続けることが可能となったが、金融庁も厚労省も、従来から米国の圧力を受けやすい省庁となっているところを見ると、これらの旧無認可共済を認可特定保険業者として復活させた裏には、結果的にＴＰＰ導入時に米国がコントロールしやすくするために、苦肉の策として講じた措置という感じがしないでもない。

⑤「かんぽ生命」については、現状では政府のコントロール下にあるので、民間生保の自由競争を阻害しているとして、やはり非関税障壁として政府のコントロールを外しにかかると思う。

「かんぽ生命」に対しては、保険分野での開放というより、「かんぽ生命」自体の約九〇兆円の資産運用の自由化による米国証券会社の参入が本音だと思う。

保険について、要求してくるとすれば、米国生保になくて我が国にある「学資保険」の廃止もしくは内容変更ではないかと思うが、これは本筋ではなく、「かんぽ生命」の売っている保険がＴＰＰ違反であるという悪のイメージを国民に植え付け、「かんぽ生命」自体を米国の餌食にする切り口として利用するのではないかと思う。

２．その結果、どのようなことになるのか

①共済制度の廃止により、有利な条件で加入できる商品がなくなり、結果的に掛け金が割高になる。

②自由診療が幅を利かすようになり、我が国の健康保険制度のメリットが減少する。

また、医療保険の日額が不足するという事態を招き、日額の増額や追加加入しないと自己負担部分の高騰を医療保険で賄えなくなる。その結果、低所得者層への適正な医療が行き渡らなくなり、死亡者数が増え、我が国の人口の減少に拍車をかけることになる。
結果的に、医療費の自己負担や医療保険の保険料負担に耐えられる一定以上の所得層のみに有効な健康保険制度になってしまう。
③職域で第一分野を稼いでいる国内生保が大減収となり大ダメージを受け、倒産する国内生保も続出する。その結果、米国生保に買収されることになるだろう。
④ニッチ市場とは言え、①と同様、有利な条件で加入できる会員市場（おいしい部分）を凍結しておき、米国スタンダードに徐々に切り替えさせることにより、会員メリットをはく奪していくことになるだろう。
⑤「かんぽ生命」の運用資産が、米国のために使われることになり、国民資産でありながら、もはや日本政府の自由にならなくなる。これは郵貯銀行の運用資産についても言えることだと思う。
要するに、ＴＰＰは米国のためというより、米国を支配している企業のための市場統一であるように思う。その結果、参加国はデモクラシーからコーポレートクラシーへの変容を強制され、各国の経済主権・国民主権がグローバル企業に移ることになるだろう。

「言葉の説明」

＊ＡＩＧ＝アメリカン・インターナショナル・グループ（American International

Group, Inc.）の略称。本社は、米国ニューヨーク州ニューヨーク市。設立は、一九一九年。代表は、エドワード・リディ会長兼ＣＥＯ。米国最大財閥のディビッド・ロックフェラーがオーナー（二〇一一年秋失脚）のシティ・グループの傘下にあった。資本金六九億ドル、売上高一一〇〇億ドル、総資産一兆六〇五億ドル、従業員数は、一三〇以上の国・地域で事業を展開し、約一〇万人が働いていると言われてきたけれど、リーマン・ショックで経営危機に陥った。

＊保険診療＝国民健康保険や社会保険等の健康保険などの公的医療保険制度が適用される診療を受けること（出典「デジタル大辞泉」）。

＊自由診療＝《「保険診療」に対し》公的医療保険制度の枠外の診療を受けること。保険適用外の新薬、最先端の医療を受けられるが費用は自費（出典「デジタル大辞泉」）。

＊混合診療＝公的医療保険制度が適用される保険診療と、適用されない自由診療とを併用した診療のこと（出典「デジタル大辞泉」）。

＊第一分野＝保険業法で規定する保険の分類の一つで、終身保険・養老保険など生命保険業のこと。生命保険固有分野（出典「デジタル大辞泉」）。

＊第二分野＝保険業法で規定する保険の分類の一つで、火災保険・自動車保険など損害保険業のこと。損害保険固有分野。

＊第三分野＝保険業法で規定する分類の一つで、生命保険業（第一分野）と損害保険業

（第二分野）のどちらの保険会社でも取り扱うことのできる分野。医療保険・傷害保険・介護保険などが該当する。

＊変額保険＝保険会社の運用実績に応じて保険金や解約返戻金の額が増減する終身保険（出典「保険マンモス」）。

＊変額年金＝変額個人年金保険。積立金の運用実績によって受け取る年金の金額が増減する個人年金保険。積立金の運用を株式や債券などのリスク商品で運用するため、年金額が大きく増えることもあれば、元本保証のない商品の場合は元本割れをすることもある（出典「保険マンモス」）。

＊共済組織＝同種の職業または同一の事業などに従事する者の相互扶助を目的とする団体。組合員の疾病・負傷・死亡・退職などに際し、一定の給付を行う。国家公務員、地方公務員、私立学校教職員が作る組織で、それぞれが加入する健康保険・年金保険の保険者（出典「保険マンモス」）。

＊少額短期保険業者＝契約者が千人超で、保険期間が一～二年の保険商品を扱う小規模の保険業者を指し、四月から金融庁への登録が義務づけられる。もともと「無認可共済」を登録させ、法規制する狙いで金融庁が設けた。既存共済業者以外でも、条件を満たせば登録できる。保険金額の上限は、入院八〇万円、死亡六〇〇万円、損害保険一〇〇〇万円まで（二〇〇六年一月一二日朝日新聞夕刊）。

＊保険会社＝保険業を営む株式会社または相互会社（出典「デジタル大辞泉」）。

＊無認可共済＝任意の団体が設立・運営する、法的規制を受けない共済事業のこと。根拠法のない共済（出典「デジタル大辞泉」）。

＊認可特定保険業＝平成一七年の保険業法改正時に現に特定保険業を行っていた者のうち、一定の要件に該当するものは、当分の間、行政庁の認可を受けて、特定保険業を行うことができる。認可の要件は、一般社団／財団法人であること、一定の財産的基礎、人的構成を有すること、業務・経理の適切性等（「保険業法等の一部を改正する法律」の一部を改正する法律の概要：金融庁ホームページ http://www.fsa.go.jp/news/22/hoken/20110513-2.html より）。

＊「かんぽ生命」＝（株）かんぽ生命保険は、平成十九年一〇月一日、日本郵政公社の民営・分社化により誕生した日本郵政グループの生命保険会社（かんぽ生命ホームページ http://www.jp-life.japanpost.jp/ より）。

＊学資保険＝終身保険・定期保険・養老保険などの死亡保険などと同じく生命保険に分類される保険。学資保険を簡単に説明すると、子供の将来の教育資金のために、決められた保険料を支払えば、満期時（一五歳満期、一八歳満期など）に満期保険金が受け取れる（http://www.kodomo-hoken.com/002/ent830.html より）。

さて、このペーパーの記述内容をベースにして、対談を始めた。

＊混合診療により金持ちと貧乏人の間で医療格差を作る

板垣　世界最大の保険会社ＡＩＧは、リーマン・ショックで経営危機に陥って以来、生き残りを賭けて、必死です。サブプライム・ローン組み込み証券を大量に買っていたのが、災いしたということですね。

鮫島　ＡＩＧはいま、政府のものになってしまっています。リーマン・ショックで倒産しそうになってかなりの公的資金が入りましたから、ＡＩＧ一番の株主はいま、米国政府です。国営企業みたいなものです。ここがぶっ飛ぶとＣＤＳが全部吹き飛んでしまって、ゴールドマンサックスやＪ・Ｐ・モルガン・チェース等の米国の大金融機関が大損してしまうので、ここは絶対に潰したくないという政治的判断から潰さなかったようです。

板垣　米国は、日本政府に対して、まず、どこから切り込んで、何を要求してくるのでしょうか。

鮫島　今、一番よく言われているのが、レポート「１―②」に記載した「保険診療と自由診療のミックスである混合診療を要求してくる可能性あり」というところです。混合診療がいろいろと言われてはいるのですが、ここが活性化してきても、医療保険を取り込むだけの話になるので、そんなに本筋ではないのかなという気はしています。しかし、重要なことではあります。

鮫島寛行氏（左）と著者

自由診療にすると本来健康保険が適用される部分も自由診療になって、掛け金がバカ高くなってしまう。ところが、保険診療と自由診療のＭＩＸの混合診療にすると、健康保険を使える部分は健康保険を適用することになりますから、自由診療の部分のみ別建てになる。このため、費用を抑えながら良い治療ができるので、良い制度ではないかと言われています。

しかし、保険診療ばかりやっている町の開業医は自由診療ができないので、患者をとられてしまいます。分かりやすく言えば、一般の開業医にとっては損をする話になります。

ところが、自由診療ができる先進医療の設備が整った大学病院とか総合病院は非常に儲かります。そうすると、医者の差別化が進みます。自由診療も含めた良い治療・良い医者のところに患者さんが集まってくるようになります。

ただし、自由診療を受けようとすると、お金がかかりますから、ある一定の所得層以上の人しか良い治療を受けられなくなって、貧乏人は依然として保険診療の医療しか受けられないという状況が定着してくることになるでしょう。

恐らくアメリカの立場としては、日本の保険診療の範囲を狭めたいと考えているでしょう。日本の医療は、健康保険を適用する医療が適正医療です。それよりももっと高度な治療を望む人はオプションで受けて下さいという制度になっています。

ところが、自由診療がメインになってくると、最低限の診療部分を国民年金みたいに国民皆保険にしておいて、あとの部分は自由診療にしてしまうかもしれません。

そうすると、自己負担する部分が増えて行き、健康保険の部分が少なくなってくる。これは日本政府にとっても国庫の負担が減りますので好ましい。国民の一五〇〇兆円の金融資産を吐き出す方向へ向いて行く。

また、国内生保にとっても米国の生保会社にとっても、入院特約や医療保険が売れるので好ましい。だからアメリカの第三分野を得意とする生保会社は、混合診療になってくれたほうが有難いのではないでしょうか。もしＴＰＰで日本の健康保険制度が非関税障壁ということになると、「我々が第三分野を売りにくいのは健康保険制度があるからだ」と言ってくるでしょう。

さらに、「これをアメリカ並の健康保険制度にしなさい」と言ってくるでしょう。

アメリカでは国民健康保険制度が導入されましたけれども、日本と比べると悪い制度です。日本は良すぎる国民健康保険制度ですから、「日本だけが突出して制度が良すぎるじゃないか。非関税障壁じゃないか。他の参加国に合わせなさい」ということになるでしょう。アメリカは恐らくそれを狙っているのでしょう。

アメリカにとっては、問題は関税障壁ではなく、非関税障壁を全部グローバル企業が活動しやすいように合わせなさいというのが腹積もりでしょう。アメリカのやり方がどの国に行っても通用するようにするのがＴＰＰですから、保険分野だとか農業分野だとか、あまり分野に関係なくて、今までは何か紛争が起こるとＷＴＯ訴訟でいちいちやっていたことが、直接政府に訴えることができるようになるので、そんな時間のかかることしなくても良くなってしまうということです。

アメリカというよりは、アメリカ出身の多国籍企業がやりたいようにする。三億人のアメリカの市場だけでは満足できず、もっとたくさんの人に自分たちのものを売りつけて儲けたい、それが目的なのだと思います。

巷では、「デモクラシーからコーポレートクラシーに変わるんだ」などと言われています。企業が主になる、トップになるということです。経済主権や国民主権は失われて、アメリカ出身の企業主権になるわけです。それに加担する日本の企業は、勝ち組として残るけれども、加担しない企業は何らかの訴訟に巻き込まれたりして、潰されて行くことになるでしょう。国内の保険会社もそうなる可能性は十分あります。それがレポートの「1―②」です。

「健康保険制度」については、米国同様、保険診療と自由診療のミックスである混合診療を要求してくる可能性があります。患者には保険治療より高度な治療が現行の健康保険制度より少ない医療費負担で受けられるメリットが増えるとか何とか言って。混合診療になれば、いい治療が受けられる反面、医療費は保険医療のみより高騰するので、高くなる自己負担の医療費部分が医療保険の増収対象となります。

国内生保より医療保険の開発ノウハウ・販売テクニックのある来国保険会社のほうが明らかに有利となる。病院にとっても自由診療部分が多い方が儲かるし、政府の国庫負担部分が減ることを逆手にとり、混合診療のメリットを強調して自由診療部分を伸ばすことにより、医療保険の増収を図ろうとする米国が、厚労省に圧力をかけ、やはり非関税障壁撤廃という口実で、我が国の保険医療部分の範囲を米国並みに縮小するよう要求してくる可能性もあります。

板垣　日本は一九八六年夏、政府予算の概算要求のころ、厚生省が大蔵省と連携して、「医療費の削減政策」に乗り出しました。厚生省は、英国やドイツ、あるいは米国に担当者を派遣して、各国の医療制度を研究させました。このなかで、米国は、患者に対して、医療のメニューを示して、患者に選ばせていましたが、それが「A、B、C」というように金額でランク付けされていたのには、驚かされました。日本流で言えば、「松竹梅」です。まさか、今頃になって、米国流の医療制度が日本でも現実化してくるとは、考えもよらなかったという感じです。

＊「共済」がイチャモンをつけられる

鮫島　順序が前後しますが、次はレポートの「１―①」です。絶対にターゲットになるのは、「生活協同組合法」です。

「生活協同組合法」に基づいて運営されている各種共済（「ＣＯＯＰ共済」、「県民共済」等）は、ⓐ保険料控除もあり、ⓑ毎年度の収支結果による割戻金もあり、ⓒ損害保険と生命保険を一枚で売る利便性もあり、ⓓ組合にかかる法人税の優遇措置（通常の法人は約二五％、組合は一九％）もあるので、明らかに米国生命保険会社から見ての非関税障壁となるはずです。

板垣　いわゆる生協が、狙われるということですか。生協は、市民生活にかなり深く根ざしています。そこまで狙ってくるということでしょうか。

鮫島　そうですね。生協が主催する「ＣＯＯＰ共済」とか「生協共済」ばかりでなく、その他の「県民共済」とか「都民共済」とか、これらは「生活協同組合法」に基づく「共済」です。

この制度は非常に良い制度で、保険料控除もあります。単年度で決算を迎えて収支がよければ割戻金があります。損害保険と生命保険が一緒に販売できるので、傷害保険と死亡保険と入院保険が一つの共済で売れる。つまり、損害保険と生命保険が一枚の申込書で売れるというものので、利用者からみればとても便利な商品なのです。

しかし、これが、アメリカから見れば、バカヤローな商品なわけです。加えて言えば、これは会社ではなくて組合がやっているものですから、法人税が違います。通常の法人税は平均二五・五％くらいですが、組合は一九％ですから、ここで六％の格差があります。同じ内容の保険を売っても、税金が少ないほうが、保険料の安いものとして売れる。アメリカから来る保険会社は全て普通の会社ですから、同じ保険を作ったとしても、どう考えても掛け金でアメリカのほうが共済に負けてしまう。当然これは、非関税障壁だと言って来ると思いませんか。

アメリカは、「もし組合が保険を売るときには、普通法人と同じ税率にしろ」と言うか、もしくは「利益が出ても割戻金は払うな」と言うか、「損害保険と生命保険をパックにして売るな」と言うか、何かしらのイチャモンをつけてくるでしょうね。そうでないと、自分たちのメリットにはなりませんから。

必ずしも値段の高いものを売りたいわけではなくて、利益率の高いものを売りつけたいというのが、ＴＰＰを利用したい彼らの思惑ではないでしょうか。したがって「ＪＡ共済」や「全労災」といった共済もアメリカのターゲットになってくるはずです。

板垣　それにしても、アメリカが、「消費生活協同組合法」に基づく「共済」や「ＪＡ共済」「全労災」にまで目をつけているというのを聞き、驚きであると同時に、よく研究しているなと感心させられます。逆に言えば、儲かるものであるならば、日本から何でも吸い上げてしまおうと、獰猛ですね。

鮫島　その通りですね。レポートの「１―⑤」の「かんぽ生命」については、保険での分野の開放というよりは、彼らが持っている九〇兆円の資産、すなわち運用自由化が目的ではないかと思います。日本郵政の資産は、二九〇兆円ほどあるわけですが、これがまだ政府のコントロール下にあり、自由に運用できないわけです。

「かんぽ生命」については、現状では政府のコントロール下にあり、民間生保の自由競争を阻害しているので、やはり非関税障壁として政府のコントロールを外しにかかると思います。「かんぽ生命」に対しては、保険分野での開放というより、「かんぽ生命」自体の約九〇兆円の資産運用の自由化による米国証券会社の参入が本音だと思います。

保険商品については、米国生保になくて我が国にある「学資保険」の内容変更や新商品の認可の凍結を要求してきているようですが、これは本筋ではなく、「かんぽ生命」の売っている保険がＴＰＰ違反であるという悪のイメージを国民に植え付け、「かんぽ生命」自体を米国の餌食にする切り口として利用してくるのではないかと思います。

アメリカ側は「これが民間を圧迫している」と必ず言う。「かんぽ生命」が民間生保の営業活動を圧迫しているし、「ゆうちょ銀行」が一般の銀行業務を圧迫している。従って、「日本政府はここから手を引いて完全な民間企業にしなさい」「競争原理を働かせなさい」ということになる。

そうなると、日本郵政はまだまだ高コスト構造ですから、民間並みになったら絶対にアメリカに負けます。今まで役人がやっていたことですから、カネも使い放題でものすごいコストがかかっていました。

そのコストを圧縮するということは、人を切るということになります。設備を良くすると業務は効率化しますが、減価償却がかかりますから、費用計上額が多くなるので儲けが少なくなり、財務諸表が悪くなって格付けが落ち、商品が売れにくくなると思います。

アメリカは、「設備を導入して競争力を高めろ」「ＩＢＭ製の機械を買え」「ヒューレットパッカード製のこれを買え」などと言ってくると思います。

そうした設備を買わせておいて、減価償却で長期間の赤字にさせ、キャッシュフローはいいけれど財務内容を悪くさせ、つまり金はあるけれど赤字であるという状況にさせる。これでは彼らの思うツボです。

その切り口の一つとして「学資保険」がヤリ玉にあがっている。なぜこれがヤリ玉に上がっているかというと、アメリカには、「学資保険」のように、進学とともに祝い給付金がその都度出るといったような保険はないと思います。

しかも、これは定額保険です。定額保険ということは、生保会社の運用実態に関係なく加入した時の約定金利で計算したものがお祝金や満期金になるということです。子どもの成長とともに、安定した貯蓄になっていますから、日本人の保険好き、貯蓄好きに非常に合った内容になっています。実はこれが、アメリカにとっては嫌な商品なのです。

アメリカというのは、基本的には、運用は運用、保険は保険と分けて考えますが、それらをくっつけた商品に変額保険というものがあります。変額保険というのは、結構ズルいシステムで、必要経費部分は保険会社が先取りしていますので、運用で損しても会社は持ち出しなし、一方運用で損した分は全て加入者の損失になる。しかし儲かったら、その儲けを保険会社と加入者でシェアするといった商品ですので、基本的に会社側は損をしない商品です。

ところが定額保険である「学資保険」はそうではない。定額保険というのは、運用で損をしていても保険会社は決まった額を必ず加入者に返さなければならない。これはアメリカにとっては嫌な商品です。

アメリカの生保会社は、リスクを全部加入者に押し付けたい。しかし、加入者側にすれば、せっかく子どものために積み立てているはずのものが、損をするかもしれないようなリスクを負ってまで入りたくないと思うわけです。となると、この商品は止めろ、もしくは制度を変えろと言って、ヤリ玉に上げてくるという具合です。

つまり、日本人が、「利用者にとって大変いいもの」と思われるものが、アメリカにとっては「参入障壁」として映ってくると思えばいいのです。

板垣　三井住友銀行の西川善文頭取が、ゴールドマンサックス社の代理人みたいになっていて、日本郵政の社長を務めていました。アメリカは、西川さんを使って、何とか日本郵政の資産に食い込もうとした。

鮫島　そうでしたね。しかし、それでもなかなか穴が開かない。やはり財務省とか総務省とかが力を合わせて、アメリカに日本の資産を渡すまいと一生懸命努力してくれている結果だと思います。

政府が株を手放さない限り、食い込めません。もしアベノミクスで株が本当に上がるのなら、こういった株を手放すチャンスが来るかもしれません。

しかもＴＰＰがちょうどそこへ来ていますから、もしも日本の株が三万円台突入といったことにでもなれば、ＴＰＰの大義名分の下、今度こそ政府は株を売るかも知れませんね。売った途端にドンと下がり、日本の一般投資家が大損をするかも知れません。というのが「１―⑤」です。

＊米国の保険会社が一番美味しい「第一分野」を切り崩しに来る

鮫島　みなさんがあまり知らないことをまとめたのが、レポートの「１―③」と「１―④」です。

企業の職域（従業員向けの団体扱保険等）で規制されている「構成員契約規制」の撤廃を要求してくる可能性がある。

現在、我が国の大企業や中堅企業では、従業員の福利厚生やＯＢの受入れ先として、企業が出資して設立した「保険代理店」＝「別働隊代理店」が従業員の保険を取り扱っている場合が多い。従業員の保険の募集に当たっては、損保分野では特に規制はないが、生保分野では、別働隊代理店が第一分野を取り扱うことができず、第三分野しか取り扱えない。

これは、過去の日米保険協議と生損相互参入時の副産物で、国内生保は自社の生保外務員の職域を外資系や相互参入を果たしたい損保系生保に侵されたくない。一方、第三分野に強い外資系生保は、国内生保に邪魔されることなく、安定した所得者層から効率的に万遍なく医療保険・がん保険を獲得したいという利害が、当時一致したため現在に至るまで業界ルールとして存在している非関税障壁です。

ところが、ＴＰＰが発動されると、米国生保は、銀行窓販だけではなく、コストがかからず従業員に無理なく受け入れられている「別働隊代理店」を活用して、変額保険、変額年金、変額終身等、かれらが得意とする運用型の生保第一分野商品の解禁を求めて来るに違いない。

レポートの「１―③」はほとんど知らない人が多いですけど、これはけっこう米国生保会社ならうまく活用してくるのはないかと思っています。

大企業に勤めている人には、企業グループで出資して作っている「別働隊代理店」という企業の代理店があります。従業員がたくさんいますから。自動車保険とか火災保険とか生命保険とか、団体扱いとか団体契約をすると、一般個人で月掛で入るより五％～一〇％毎月の掛け金が安くなるわけです。

従業員が何千人、何万人とふんだんにいる企業グループで出資する代理店ですから、十分ビジネスとして成り立ちます。また、簡単な資格試験さえパスすれば取り扱えるのが、福利厚生の延長上にある生命保険や損害保険ですから、リストラされたり定年になる社員の受け皿としても最適です。

ほとんどの大企業や中堅企業には「別働隊代理店」があります。ところが、何でもかんでも売れるのかというと実はそうではありません。損害保険は何でも売れるのですが、生命保険の販売にはある規制がかかっています。損害保険は儲けがそれほど多くはないので、アメリカからみれば美味しい市場ではない。ところが、生命保険とか第三分野というのは非常に大きく儲かる市場ですので、何が起こったかというと、過去の日米保険協議とそれに引き続く平成八年の生損保相互参入のときに、次のような業界ルールができたんです。

国内生保は自社の生保外務員の職域を外資系や相互参入を果たしたい損保系生保に侵されたくない。一方、第三分野に強い外資系生保は、国内生保に邪魔されることなく、安定した所得者層から効率的に万遍なく医療保険・がん保険を獲得したいという利害が当時一致。その結果、企業の職域では、第一分野商品を売りたい国内生保は従来通り外務員を通じて販売できるが別働隊代理店では販売できない。つまり、外資系生保や損保系生保が代理店委託している別働隊代理店では第三分野は販売できるが第一分野は販売できない、という業界ルールができて、現在に至るまで続いています。

ところが、こういう閉鎖的な業界ルールが米国の生保業界から見て、非関税障壁と見なされるとどうなるでしょうか。企業が作った「別働隊代理店」が、全ての保険を従業員に売れるのが一番いい。現状では国内生保の外務員が昼休みとかに職場に入ってきて定期保険とか終身保険とか結構実入りのいい第一分野商品を社員に販売できたのが、「これからは別働体で売るから、もう来なくていいよ」という話にでも発展すると、国内生保にとっては大変です。

このように独占的に職域で募集活動をしていた生保外務員の活動が大きく制限されるとなると、国内生保の一番の儲け扶持である「職域」を奪われてしまい会社が潰れかねません。だからこそ、「そこには手を出すな」と国内の生保業界挙げて死守してきたのが職域の第一分野市場なのです。「別働隊代理店」も「うちのグループの大株主だから、しょうがないな」ということになって、「損保は別に規制もかからないし、生保で売れるのは介護保険とか医療保険とかガン保険だけでもいいや」ということになったわけです。

とにかく、国内生保は第一分野、つまり「定期付終身保険」が欲しい。一方の外資系生保は「医療保険とガン保険」という第三分野の主力商品が欲しい。だから「別働隊代理店」は、アメリカンファミリーとか医療保険やガン保険に強い外資系生保会社の代理店になったわけです。そうやって、第三分野と第一分野の棲み分けをしてきたんです。ですからほとんどの職域では、社員はアメリカンファミリーとかアリコ（現メットライフ・アリコ）といったところの医療保険やガン保険に入っていると思います。

今後それが、「１—②」の健康保険制度が改悪してしまうようなことになると、現在の入院日額では足りなくなってしまうので、「入院日額をアップしませんか？」「高度先進医療特約を付けませんか？」ということで、一生懸命DMを送ったり回覧を回したりしてその下地作りをやっているのが正に今ということです。

アメリカンファミリーなどのガン保険や医療保険が浸透してきた平成八年に、国内生保と国内損保の相互参入という子会社方式で、国内生保は損保商品が、国内損保は生保商品が取り扱えるようになります。後発でいかに良い内容の第三分野商品を作っても、もう医療保険やガン保険は、既にほとんどの従業員が入ってしまっているので、上乗せしてまで入ろうという人はそれほど多くは出てきません。ですから、良いものを作っても「職域」だと後発の会社はなかなか浸透しないわけです。従って、国内生保は「いくら損保系生保が生命保険の新しい商品を作っても、我々には追いつかないよ」と思い、アメリカンファミリーとかアリコといった外資系生保も、「俺たちはもう一九七〇年代から売り始めているので、日本勢がいくら良いもの作っても、解約してまで入り直しやしないよ」とほくそ笑んでいる。そういう棲み分けをしていました。

ところが、TPPになると今度は、アメリカはどう出てくるか。第一分野では、大手国内生保が「定期付終身保険」といって定期部分は何千万という高い保障のある掛け捨て分があり、その下には薄っぺらな終身保険が付いていて、定年と共に保険料が払い込み終わると定期保険の部分は満了になって、薄っぺらな五〇万円から一〇〇万円の終身保険しか残らない商品をまだまだメインに販売しています。

死ぬときには五〇万円とか一〇〇万円の保険金しかもらえないのですが、定年まで支払う掛け金は一〇〇〇万円～二〇〇〇万円と言われています。日本の場合は六〇歳までに死亡する確率は五％くらいですので、生保会社から見れば契約者が支払う掛け金総額よりはるかに少ない死亡保険金しか支払わなくていいわけです。一方、契約者にとっては、死亡する確率が大きくなる年齢になったら、高い保障の定期保険部分は既に満了となっており、掛け金総額の十何分の一という死亡保険金しかもらえない。これは生保会社にしてみれば、かなり美味しいビジネスで、だから第一分野主流の国内生保は儲かっている。従来は、この美味しい部分を日本の生保会社がやっていい代わりに、俺たち外資系には第三分野をやらせろというのが、業界ルールとかでやってきたことですが、ＴＰＰになったらこの美味しい部分を米国生保会社が取りに来ると思います。第三分野は既にほとんどの市場で取り込んでいますから、この一番美味しい第一分野を切り崩しに来るでしょう。

その先兵として、プレデンシャル生命とかソニー生命がコンサルティングセールスといって、今まで国内生保に入っていた人に「あなた、本当にこんなに高い保障がいるのでしょうか？あなたの適正な保障というのは、六〇歳までこんな五〇〇〇万円の死亡保障が付いていて六〇歳になった途端に無くなるようなものではなくて、お子さんが出来て、あなたに万が一のことがあった場合、お子さんが大学を卒業するまでの間はお金がかかるので、結婚してお子さんが出来た時が一番死亡保障が高くなるのです。しかし、お子さんが大学を卒業して、奥さんと二人暮らしになったら、仮にあなたが死んでも奥さんはあなたの遺族年金が貰えるのですから、もはや高額な死亡保障は要らなくなります。

したがって、保障の形としては、こんな高いのが続いてストーンと落ちるのではなくて、最初は高くて子どもの成長とともに下がっていく形がいいのです。子どもが独立したら保障はほとんど要らないわけです。親が死んでも子どもは既に働いていますから。

あとは、あなたと奥さんの医療保険と葬式代を賄う程度の保障くらいです。保険というのは、年齢が高いときの保障のほうが掛け金が高いですから、子どもの成長とともに下がっていく形にすると、保険料が三分の一くらいになります。コンサルティングセールス系の生保会社の男性外務員は、そういったセールスをやって生命保険を売っているわけです。

ところが、今後はこれを「別働隊代理店」の社員を教育して、グループの従業員に同じことをすれば、今まで国内生保がやってきた高い保険料の第一分野商品を外資系が切り崩すことが出来ますよね。アメリカは、恐らくこのようなことを想定しているので、平成八年当時は「構成員契約規制」という一種の販売カルテル的な業界ルールで、第一分野と第三分野を国内生保と外資系生保で棲み分けましたけど、今やこれも「非関税障壁」になってくるはずです。

ところで、どういう理屈でこういう業界ルールになったかというと、企業がお金を出して作った「別働隊代理店」が従業員に圧力をかけて「生命保険に入れ」と言ったら、従業員は入らざるを得ないじゃないか、そんなことは圧力募集になるからダメだと国内生保は主張しました。しかしよく考えてみると、その企業自体、大手国内生保、例えば日本生命、第一生命、住友生命、三井生命、明治安田生命などといった生保会社が大株主になっているわけですから、「我々の外務員を職域で募集させろ」と言って企業に圧力をかけていたのは実は大株主である大手国内生保のほうだったとは思いませんか？

したがって、「別働隊代理店」が従業員に対して生保募集することだけが圧力募集というのは屁理屈であり、アメリカから見ると立派な「非関税障壁」になる可能性があります。「なぜ外務員しか職域で生保第一分野商品の募集ができないのでしょうか？　別働隊代理店が募集するほうが理にかなっていると思いませんか。従業員に選択の自由を与えましょう！」というふうにアメリカだったら言ってくるでしょう。そして、「おたくのグループには別働隊代理店があるのだから、その代理店に募集させればいいじゃないか。わざわざ外務員を入れなくても」となります。

我が国がＴＰＰの対象国となったら、どの市場、どの分野においても特別ルールや例外措置は認められなくなると思いますので、いくらザ・セイホが多大な政治献金を行っていても、アメリカを敵に回してまで、政治家も担当省庁もこのような既得権を守るために戦ってくれはしないと思います。

そうなってくると、各省庁は自主性を失うことになります。我が国独自の政策が米国から見たら「非関税障壁」になるわけですから、補助金を出すだとか、優遇措置を講じるとか、あるいは日本特有のものを保護するとか、そういったことは悉く「非関税障壁」になり得ます。アメリカが「非関税障壁」だと主張するものに対して、我が国が「分かりました」と言わなければ、ＩＳＤ条項を使ってとことん追いつめてくることになるでしょう。

要するに、ＴＰＰはアメリカのグローバル企業群が儲かるようにする仕組みです。万が一、訴訟になっても早く決着したい場合は、監督官庁や公正取引委員会に圧力をかけ、裁定を急がせる。ところが、アメリカが不利となる場合は早期に解決しないほうが得策なので、十分時間をかけて吟味するとか何とか理由を付けて解決を引き伸ばし、読売新聞などアメリカ追従型のマスコミを通じて米国が有利となるような論説を展開し、我々日本国民にとっていかにもアメリカが正しいように書くのではないでしょうか。

そうすると、今や事の本質まで深く追求しようとしない日本人は、「なんか日本の企業は悪いことやってそうだからこの商品を買うのはやめよう」となり、ＩＳＤ条項の対象にされた企業は売上が激減して減収に次ぐ減収という状況に陥るかもしれません。そして、その企業が倒産しそうになり株価が暴落したら、「だったら俺が買収してやるから有難く思いなさい」と。グローバル企業の手法はそんなところです。こういったところがレポート「1—③」のところです。

板垣　東邦生命はＡＩＧエジソン生命になりました。

鮫島　その再来となりそうですね。最初はＧＥエジソン・キャピタル生命、次にＧＥエジソン生命、今はＡＩＧエジソン生命となっています。渋谷の東邦生命本社ビルはゴールドマンサックスに売却されました。会社も本社ビルもオーナーが皆ユダヤ系に変わってしまいました。あの頃は、バブルで逆ザヤに苦しんだ中小の国内生保が次々とアメリカに買収されていきましたからね。「協栄生命」はプルデンシャル・フィナンシャルグループのジブラルタ生命に、「千代田生命」はＡＩＧスター生命を経てジブラルタ生命に、「大和生命」と「大正生命」はプルデンシャル・ジブラルタ・フィナンシャル生命に、「日産生命」はあおば生命を経てプルデンシャル生命に、「第百生命」はマニュライフ生命に、「日本団体生命」はフランスのアクサ生命で、「オリコ生命」は英国プルーデンシャルグループのピーシーエー生命でしたが。アメリカのグローバル企業は今やほとんどユダヤ系です。裏で仕切っているのは世界統一政府を標榜する支配階層の人たちだと思います。会社が変わろうが、辿って行くと大元はロスチャイルドかロックフェラーに行きつくのではないでしょうか。それをカムフラージュするための器として会社や企業グループをいくつにも分けているのだと思います。ですから、アリコでもアメリカンファミリーでも同じようなものです。俺は医療保険をやるからお前はガン保険のほうをやれよみたいな（笑い）。

板垣　ＴＰＰになると保険の外交員のおばちゃん達はどうなるでしょうか。

鮫島　アメリカは、高コスト構造の生保外務員を採用しようとは考えてないでしょうから、本気になれば潰しにかかかって来る可能性はあります。彼らは超効率的に顧客を獲得したいので、通販だったり、既にある組織を利用したりするでしょう。あわよくば、国内生保を買収したい。あるところには、買収資金はいくらでもあるようですから。

アメリカがまだまだ元気だった頃に、我が国では、相互会社から株式会社に転換して上場したほうが市場から資金導入ができるので経営上メリットが出るということで生保業界では一時期ブームになりました。ところが、株式会社になるということは、買収の危機にさらされるということでもあるわけです。相互会社のままでは買収がすんなり進みませんので、狙われやすいのは当時のブームに乗って株式転換した国内生保のほうになると思います。第一生命、三井生命、大同生命、太陽生命は株式会社に転換しました。一方、旧財閥系生保の一部などは相互会社のままで株式会社には転換しませんでした。例えば、日本生命、住友生命、明治安田生命、朝日生命などです。要するに、銀行や損保よりも生保のほうが儲かりますから、グローバル企業が狙ってくるんです。

話は変わりますが、日本郵便、郵便局、「ゆうちょ銀行」、「かんぽ生命」に分割された日本郵政グループの資産は、日本郵政グループへの移行時は三五〇兆円ほどで、簡保一二〇兆円対郵貯二三〇兆円と言われていましたが、現在確か二九〇兆円程度になっており、分割当時から見ると六〇兆円減ったものの、まだまだ総資産二〇〇兆円の日本一巨大な銀行であり、「かんぽ生命」も総資産九〇兆円の日本一巨大な生保には変わりありません。

郵政民営化が議論されましたが、アメリカの本音は収益率の悪い事業や運用資産の少ない事業はいらないから金融関連の旨味のある事業だけ自分たちのものにしたい。だから、不採算の事業は切り離して、圧倒的な運用資産量を誇る銀行部門と利益率の高い保険部分だけを将来買収できるようにしたい。そういう思惑があったと思います。実際今でも、「ゆうちょ銀行」は資産規模が「かんぽ生命」の二倍強、株主資本も七倍強ありますが、経常利益は同じくらいですので、投資家からすると「かんぽ生命」のほうがかなり利益率の高い会社と映ります。「かんぽ生命」は「ゆうちょ銀行」より小さくても利益はボロ儲けです。一方、「ゆうちょ銀行」の国債運用資産は一七〇兆円、「かんぽ生命」でも六〇兆円弱もあります。この数字を見て、ゴールドマンサックス等のアメリカの投資銀行はどう考えているのでしょう。「ゆうちょ銀行」の運用資産はほとんど国債ですから、政府が株を手放して民間企業になると、どのように運用するかは株主総会で決めればいいということになります。そうすると、取締役の中でも外資に買収された者から「利息のつかない国債ではなくて、海外のもっと運用利率がいい商品に投資しよう」という声が必ず出てきます。そうなると、どこがいいかという話になって「それはやっぱりノウハウが一番あって、お客に一番利益を還元しているゴールドマンサックスでしょう」となる。ゴールドマンサックスは「はい、いただきま〜す」となるわけです。でも、自分で言っておきながら、これじゃあ、ちょっと出来すぎですよね（笑い）。

板垣　西川さんはそういう役目もあったのでしょうか。

鮫島　そういう素地は作って行ったと思います。仮に反対したとしても、スキャンダルなどを使って、首をすげ替えて同じことをやらせていたでしょうから。

＊ユダヤ人は、掛け金を集めているものを収奪し、運用し、使いたい

鮫島　次はレポートの「1―④」です。

従来の任意共済または無認可共済（法令に基づかない共済制度）も、平成一八年に次の選択を迫られ、会員メリットがはく奪され、市場適正化の大義名分の下、次の三つの選択を迫られる破目となりました。

ⓐ共済組織から「少額短期保険会社」または「保険会社」に移行し、事業を継続する。
ⓑ共済事業を終わらせ、満期の都度、共済契約を終了させる。
ⓒ共済契約を既存の生損保に契約移転し、共済事業を終了させる。

当時、約二八〇〇団体程度あった共済組織のうち、全国四八九社が上記ⓐを目指し、全国の各地方財務局に登録したが、実際ⓐに移行したのは六〇社以下という実に悲惨な結果となった。現在、新規参入組も入れて七〇社程度しかない。

また、厚労省管轄の医師会関連等の無認可共済は、「少額短期保険会社」への移行を拒み続け、「認可特定保険業」として、従来の共済を販売し続けることが可能となったが、金融庁も厚労省も、従来から米国の圧力を受けやすい省庁となっているところを見ると、これらの旧無認可共済を認可特定保険業者として復活させた裏には、結果的にＴＰＰ導入時に米国がコントロールしやすくするために、苦肉の策として講じた措置という感じがしないでもない。

互助会というのは何かと言いますと、例えば、互助会の会員になれば「病気で入院しました」となると見舞金五万円とか、「社員のお父さんが亡くなりました」となると弔意金を出すといった仕組みの任意団体として仕組みです。互助会の会員だけの組織ですから、ある化粧品を買っている会員だけの△△互助会とか、ある企業グループのＯＢだけが加入できる○○友の会とかいった組織です。こういう組織の中には、頼母子講の保険版のような共済を取り扱うような団体も存在していました。

ところが共済となると、監督官庁がないととんでもないことをやる可能性がある。運営者が、会員から集めた掛け金を横領したり費消したりして、蓋を開けたらあるはずのお金が全然ない！　例えば、政治家が関与したオレンジ共済組合の事件とかは、組合員から集めたお金を理事長やその身内の理事が、自分たちの借金返済や選挙資金などに流用し、組合員に共済金がほとんど払えなくなったという事件でした。それを契機に無認可共済はまかりならぬ、どこかが監督しなければいけないということになり保険業界を監督している金融庁が担当することになりました。

そして、無認可共済を失くすために、次のⓐⓑⓒのどれかを選びなさいとなりました。

ⓐ共済組織から「少額短期保険会社」または「保険会社」に移行し、事業を継続する。

ⓑ共済事業を終わらせ、満期の都度、共済契約を終了させる。
ⓒ共済契約を既存の生損保に契約移転し、共済事業を終了させる。

「ⓐ共済組織から『少額短期保険会社』または『保険会社』に移行し、事業を継続する」というのは、要するにきちんとした会社組織になってきちんとした保険を売りなさいということです。そうすると、役所にとっても、しっかりと行政指導ができますし、きちんと法人税も取れます。それまでの共済は、営利事業でない任意団体でしたので、儲かっていても法人税を支払わなくて良かった。ですから、ⓐの場合は、きちんとした法人になって税金を払いなさい、そうすれば存続を許すということです。

「ⓑ共済事業を終わらせ、満期の都度、共済契約を終了させる」というのは、「解散しなさい」ということです。

「ⓒ共済契約を既存の生損保に契約移転し、共済事業を終了させる」というのは、「お前らのもっている契約を全部、どこかの生保か損保に出しなさい」ということです。そうすれば、これまで取れなかった法人税をそこから取ることができる。

平成一七年当時は、全国には三〇〇〇弱の無認可団体がありましたが、このうちのどれかを選択しなさいということで、ⓐの将来保険会社に移行して事業を継続したいということに手を挙げた共済は、四八九社になりました。

ところが実際にふるいにかけて審査した結果、「少額短期保険会社」または「保険会社」に移行できたのは、六〇社以下でした。その後、何社か増えて七〇社になっています。いずれにしても数は激減してしまいました。

何も規制のなかった共済が、保険業法の下で活動が制限され、それでも何とか継続したいといったところが最終的に七〇社になった。これが現状です。

ところが、厚生労働省がらみの医師会ですとか、建設関係の団体とかも無認可共済をやっていましたが、「少額短期保険会社」に移行すると、会員への互助にそぐわなくなるということで移行を拒み続けてきました。

共済のまま抵抗し続けたことが功を奏して、そういうところはやっと今回新たに道が開けて、「少額短期保険会社」にならなくていいから、「一般社団法人の認可特定保険業者」になりなさいということになりました。

これは、株式会社としてではなく「一般社団法人の認可特定保険業者」としてやれば、共済商品のまま取り扱い続けてもいいですよということになった。ところが加入者保護の観点から、やはり省庁の監督下になったわけです。

このように、法に基づかない共済制度を運営していた団体は、少額短期保険業者になるか共済を止めるか、契約を既存の保険会社に移行するかということでカタを付け、残って駄々をこねていた団体もこのように収束して、やっと整理がついたわけです。

ところで、企業の互助会などは、限られた内々の集団ですから当然企業の独自運用となります。例えば、五万円の見舞金とか一〇万円の弔慰金のような少額な給付をしている場合には、見舞金制度であっても保険でも共済でもないので、金融庁が監督する分野ではないことになります。ところが、アメリカはこのような保険制度的な運用をしている企業の互助会も結構多いのではないかと見ており、実はそこも欲しい分野に入って来はしないかなぁと個人的には心配しています。たとえ互助会の見舞金制度のようなものでも、従業員や会員が何らかの形で掛け金を掛けていて保険的な匂いがするものについては、アメリカは収奪したいと考えているのではないかと。要するに、運用できる資金なら、全て自分たちが運用したい。自分たちが集めて使いたいわけです。

ところが、ユダヤ系企業に運用権を渡しますと、彼らの都合によっていろいろ理由をつけて給付されないケースが増えるなどといった運営になることも十分想定されます。これはある本に出ていましたが、アメリカという国は、ユダヤ人から請求があったら払うけれども、白人(特にキリスト教徒)とか非ユダヤ人から請求があるとイチャモンを付けて払わない場合が多いらしいのです。

*デルバンコ、サボイ、タクシスは、超大物のワル

板垣　ＴＰＰの交渉団一〇〇人体制というのが発表されましたが、あれは何の役に立つのでしょうか。

鮫島　役に立つかどうかは分かりませんが、日本の国家予算が使われているということは間違いないですよね。「向こうに行って接待受けていい気分になって、言うこと聞けよ」ということです。そのための一〇〇人なのでしょう。頭の固い人も入っているはずです。そういう人たちも洗脳してしまうために送り込んでいるのだと思います。

板垣　デルバンコとかもＴＰＰに関与しているのでしょうか。

鮫島　デルバンコとかの超大物の支配階層の人たちは実務的なことには携わらないと思います。ロスチャイルドなどが資金を動かしていると思いますが、その資金の全てがロスチャイルドのものというわけではないと思います。ロスチャイルドにしてもより大物の支配階層から資金運用の委託を受けていたりするのだと思いますので、儲けや上がりの中から彼らに返さなければならない分も相当あるんじゃないでしょうか。

ロックフェラーがアジアの王族から訴えられているという話がありますが、委託を受けていた資金が返せなくなっておかしくなったようですね。それと同じことがロスチャイルドでも起こりかねません。ロックフェラー家やロスチャイルド家などの世界の支配階級と言われている人たちと、彼らより上位の支配階層の人たちの関係は、オーナーと社長のようなものだと思いますので、デルバンコとかサボイとかタクシスといった超大物の支配階層は表には出てこないと思います。

それで、今回のＴＰＰについてはヨーロッパは一見関係なさそうに見えますが、アメリカのグローバル企業群に参加国の国民の財産を収奪させておいて、その株主や債権者であるヨーロッパの資本家が会社の儲けを吸い上げるとしたらどうでしょう。恐らくそういう構図になっているのではないでしょうか。

ところが、保険の話に戻りますが、参加国の国民が掛けた保険料は、その株主に吸い取られる前に実はもっと別な形で効率的に吸い上げられているのです。ちなみに、一般的に消費者に知られている生保会社とか損保会社というのは、人とか物とか目の前にある危険に対して如何に金銭面で対処するかを業務としている保険会社のことを言っています。これらの保険会社は、保険金支払いリスクに対して消費者と保険契約を直接結びますので「元受保険会社」といいます。消費者は火災保険とか生命保険とかの掛け金を元受保険会社にコツコツと支払っていき、万が一の時にはまとまった額の保険金をもらいます。ところが、いくら規模の大きい元受保険会社でも引き受けた保険金支払いリスクが大きくなってきますと、自社の資金だけでは保険金が支払えなくなるケースも出てきます。そうしたことに対処するため、一旦引き受けた保険金支払いリスクを分散するために、他の保険会社にその保険契約を引き受けてもらう「再保険」という仕組みがあります。この「再保険」を取り扱う会社は「再保険会社」と言って、元受保険会社からの再保険契約の引受けをほぼ専門的に行っています。実は、アメリカの「再保険会社」もほとんどがヨーロッパ資本の会社です。規模も大きく有名な会社はほとんどがヨーロッパにあります。ですから、我が国やアメリカの保険会社が消費者から集めた掛け金の一部は、再保険料としてヨーロッパに渡っているともいえます。

ところが、こうした「再保険」は大惨事による巨額な保険金支払事故でもありませんと、なかなか発動しませんから、一番手間のかかる保険募集もせずに、再保険料をもらっているヨーロッパの「再保険会社」が儲け方では一番効率的にやっているといえるでしょう。

板垣　保険会社でスター保険というのがあったと思いますが。

鮫島　ＡＩＧスター生命保険ですか。千代田生命が経営破たんした時に、株式転換した後にＡＩＧグループが買収した時の保険会社の名前ですね。今はジブラルタ生命になっています。

結構、日本の生命保険会社とか、損害保険会社とかは明治の初めにできていますが、日清・日露戦争とか、第一次世界大戦前とか、その頃にできています。当時の「殖産興業」を推し進めていた我が国政府の国策を支えるセーフティネットとしての機能を大いに期待されていたのだと思います。

例えば、太平洋戦争前、台湾は日本の統治下でした。戦争をするためには、工場を稼動させなければいけませんから、もし工場が壊れたらいけないので保険を付けておきたい。ですから、台湾には大正時代に大成火災という損保会社ができています。また、工場で作業する工員が怪我をしたときのための補償も付けておきたい。ですから、日産火災の前身は、明治時代に設立した時は日本傷害保険株式会社という社名でした。そういうことが元になっています。

板垣　日産火災は、日産財閥の関係ですね。

鮫島　そうです。あの鮎川財閥ともいわれた旧日産コンツェルンのことですね。旧日産火災のメインの法人顧客は日立グループと日産自動車グループです。一〇〇〇社以上もある日立グループの人たちは日立製作所のことを「本社」と呼んでいました。彼らが「本社」というときには、「日立製作所」のことを指すようです。コンツェルン時代の名残なのでしょう。今は日産火災も損保業界の統合再編成により、日産火災と大成火災と安田火災が一緒になって損保ジャパンになりましたが……。

　損保ジャパンという会社も日本火災と興亜火災がくっついた日本興亜火災というのがありますが、そこと合併します。ＮＫＳＪホールディングス株式会社がその持ち株会社です。ＮＫが日本興亜、ＳＪが損保ジャパンです。我が国の三メガ損保の一角を占めるインシュアランスグループです。安田火災の大元の安田銀行を創業者した安田善次郎という人は、我が国の地銀設立に多大なる貢献をしたと聞いています。

板垣　東大の安田講堂の安田善次郎で、殺されました。

鮫島　はい、当時は第一次世界大戦が終わった後で、物価高騰が起こり、成金が出る一方で大多数の一般庶民は苦しい生活を強いられたようです。銀行家とか政治家とかが庶民の批判のターゲットとされた時代です。何せ当時著名な資本主義者ですから、社会主義者というか共産主義者から見れば立派な敵です。残念にも客を装って自宅を訪問してきた人に刺殺されたようです。

	2012 年度 中間期（2012.9 末）						2011 年度 中間期（2011.9 末）		備考
保険種目 事業者数	件数（件）	増加率（％）	占有率（％）	保険料（千円）	増加率（％）	占有率	件数（件）	保険料（千円）	事業者数
種目合計 70 社	4,973,866	9.5	100	25,196,839	6.6	100	4,540,454	23,639,232	68 社
（家財・賠責） 28 社	4,504,532	10.1	90.6	19,119,221	6.7	75.9	4,091,795	17,921,097	28 社
（費用・その他） 6 社	64,268	17.6	1.3	383,904	42.0	1.5	54,637	270,305	5 社
（ペット） 6 社	131,129	31.1	2.6	1,964,879	32.9	7.8	100,057	1,477,923	6 社
（生保・医療） 30 社	273,937	-6.8	5.5	3,728,835	-8.6	14.8	293,965	3,969,907	29 社

＊当中間期の統計方法は、下記の通り期末時と方法が異なります。
①種目別事業者数に関して：複数の種目を取り扱う事業者については、保有契約件数の割合が最も高い種目に事業者数を計上しています。
②契約件数に関して：複数の種目の取り扱いがある事業者については、保有契約件数の割合が最も高い種目に全契約数を計上しています。
＊増加率はいずれも対前年中間期との比較です。

（図表）「二〇一二年度中間期の少額短期保険業界の決算状況」「件数・保険料」

ＴＰＰでアメリカが乗り込んでくるまでは、無認可といえども共済制度は、運営者にも加入者にもそれなりのメリットのある制度でした。それまで監督官庁がなくてやりたい放題だったのが、厚生労働省とか金融庁の監督下になることによって政府がコントロール出来るようになったわけです。コントロールができるとはどういうことかというと、ＴＰＰで米国が乗り込んできたときに、いちいち一社ずつ調べなくても一網打尽で行政を通じて事が起こせるということです。今までは団体ごとにもぐら叩きをやってきましたが、それでは一度に何もできない。それを厚生労働省と金融庁がまとめてくれたのですから、アメリカにとっては大変有難いわけです。

ここに対して「会員だからといって特別なメリットを与えて売っていてはダメだ。どうせ売っているのは保険なんだろう。保険と扱いを同じにしろ！」と参入障壁だと主張してくるでしょう。

その証拠に、「二〇一二年度　少額短期保険業界の中間決算概況について」という資料の中で、米国がどうでもいいと思っている損保系（家財、費用、ペット保険など）は、七〇社のうち半分強を占めていて、占有率も高く収入も伸びているのに対し、生保系はご覧の通り減収となっています。

ということはどういうことかと言いますと、生保系は市場として凍結されているということです。損保は実額であまり儲からないから、増収率がよくてもそのままやらせていてもいいのです。生保系は三〇社ほどですが、損保に比べて実額で儲かりますからＴＰＰで米国が乗り込むまでは現状のままにしておき、できるだけ儲けさせないようにしているのでしょう。各財務局もそこまでは認識していないにしても、数字からみると結果的にはそうなっていると分析できるんじゃないでしょうか。このように少額短期保険というマイナーな市場でさえ、ターゲットにされているんじゃないかと思われるわけです。

＊国民の資産が米国に取られてしまう

板垣　今度の一〇〇人はこういったことを分かっているのでしょうか。

鮫島　分かっている人もいるかもしれません。しかし、分かっていない人のほうが多いでしょう。農業に詳しい人は農業分野だけ、自動車業界に詳しい人は自動車分野だけを見て発言していますから、全体の意図を分かっている人は少ないでしょうね。

農業がＴＰＰで被害に遭うのは、約一一兆円と言われています。自給自足率を押し上げようと努力している我が国にとっては大変なことになるかもしれません。これに対して、金融市場で被害にあうのは、数百兆円と言われています。これは我が国にとってはかなり巨大な額です。これが事実なら、銀行・保険・共済市場の被害のほうが実ははるかに大きいといえます。だからと言って、農業を棄ててもいいとは言っているわけではありません。農業は抵抗しながらも、アメリカを怒らせないようにどこかで折り合いをつけるのが得策でしょう。

これに対して、国民の金融資産がかなり取られてしまうのですから、金融市場のところで和解をしてはダメです。自由診療を混合診療にして日本人にお金を使わせて、アメリカの保険会社が第三分野で攻勢に出てくると思われます。なぜなら、混合診療で高くなる治療費を生命保険で何とかしたいという流れになるでしょうから。アメリカの生保会社が競争上の優位性を保ったままこの市場に攻勢をしかけるために、今のように政府が株主である巨大生保会社「かんぽ生命」には医療保険やがん保険などの第三分野商品の認可は与えるなと金融庁に迫ってきています。政府が株を放出して、ユダヤ系企業や団体、ユダヤ人富豪が株主に名を連ねるようになれば、今度は逆に自分たちが売りたい商品を早く認可しろと催促してくるでしょうけれども、どのような展開になるかはまだ分かりません。

現在では、第三分野も七〇歳代になっても新規加入できる商品もあったりして、二〇年前に比べたら本当にいろいろ選択肢が増えました。お年寄りには条件がついたりして保険料が高くなりますが、保険金給付の対象にならない免責期間を設けたり、保険金の削減期間を設けたりすれば、保険会社がボロ儲けできる商品になります。日本の生保会社は、そういたったことについての商品開発技術がアメリカに比べてまだまだ低い状況ですので、アメリカの保険商品の後追いをして売るのが精一杯となってしまうでしょう。

先の項で言いましたように、「職域」の第三分野はアメリカ勢がほとんど押さえていますので、「あなたたちが定年退職してお年寄りになって困る前に今入っておきましょう」となると、一番得をするのはアメリカの生保会社です。万一在職中に入らなくても、退職してからも既契約データを基にして「長い免責期間、高い保険料、低い保険金額」でDMによる売り攻勢をかけてきますので、そこでまた儲かることになります。TPP導入で、職域の第一分野まで別働隊代理店が取り込めるようになれば、どう転んでも、職域で個人データを蓄積してきたアメリカ系生保会社が日本勢に比べて圧倒的に有利になります。

というように、金融と保険が彼らにとってのドル箱です。その最たるターゲットが「ゆうちょ銀行」と「かんぽ生命」です。総資産の六割から七割が日本国債でしか運用されていないわけですから、金融資産がごっそりここにあるのですから。しかも総資産三〇〇兆円弱ですから、総資産が五〇兆円もあるザ・セイホの日本生命でさえ霞んでしまいます。何と日本生命の六倍弱もの資産があるということです。「ゆうちょ銀行」だけでも約二〇〇兆円ありますから、三菱東京ＵＦＪ銀行より総資産は大きいですし、「かんぽ生命」一社でも九〇兆円ですから日本生命の二倍弱もあります。また、国債、地方債、社債等の有価証券が総資産に占める割合は、「ゆうちょ銀行」は九割弱、「かんぽ生命」でも八割となっています。

国債だけでも「ゆうちょ銀行」が総資産の七割に当たる約一四〇兆円、かんぽ生命が総資産の約六割に当たる五六兆円もあります。国債での運用割合が大きいと言われている大手国内生保でも総資産の三〜四割です。ちなみに、日本生命でも国債は一五兆円程度、第一生命でも一四兆円程度ですので、いかに「かんぽ生命」や「ゆうちょ銀行」が、保険料や預金として国民から預かっている多額の資金を国債に投入しているかが伺えます。

このように巨大な資金源ですから、最初からＴＰＰの最大のターゲットは「ゆうちょ銀行」と「かんぽ生命」で間違いありません。この約二〇〇兆円国債の一部でも違う種類の運用に回すことができれば、運用ノウハウのあるゴールドマンサックス等のアメリカ勢は委託手数料が稼げますし、国債利息より多くの配当が見込める投資に回せば株主配当も増えます。しかし何よりも、融通したい先に資金投入ができるようになるのが彼らにとっては最大のメリットになると思います。ですから、小泉総理の時代に郵便局を四つに解体して、郵便局と日本郵便という採算性の悪い事業を切り離して、いつでも「ゆうちょ銀行」「かんぽ生命」という優良金融機関だけを買収できるようにしたんだと思います。でも、その後のサブプライムショックとリーマンショックの影響で頓挫した状態にはなっていますが……。

ところが、最初から「ゆうちょ銀行」と「かんぽ生命」自体に目を付けた議論をするとTPPの本音が日本国民にバレてしまいますので、違うところから揺さぶってきている。例えば学資保険を改定しろとか、公正な競争ができなければ第三分野は認可するなというように今は商品上の問題点ばかりを表に出してきているのです。「なぜこのように良い保険が提供できるのか。政府が株を持っていてコントロールしているからじゃないのか。完全に民間にしないとダメだ」「郵便局という日本最大の募集網を持つ『かんぽ生命』に第三分野なんかを認可したら、俺たちの第三分野の取り分が一挙に減るではないか」とか、彼らの立場で文句を言えば、何でもかんでも非関税障壁になってしまいますね（笑い）。

しかしながら、この七月に発表されたように、全国の郵便局の保険販売体制を民業圧迫として今までさんざん批判し、かんぽ生命が日本生命と共同開発したがん保険の認可を凍結に追い込ませておきながら、この郵便局が自分の募集網として使えるようになった途端、アメリカンファミリーは「これで公平な競争が確保できる」として意気揚々としています。結局、自分たちさえ有利になれば、今まで不当競争であるとイチャモンを付けて来たことでも、手のひらを返したように一夜にして公平な競争となるわけです。アメリカンファミリーにとっては不当競争の撤廃が実現したかもしれませんが、今までアメリカが猛烈に批判してきた郵政の民業圧迫という視点から見ると、他の生保会社にとっては事態は改善するどころか一層悪化することになると思いませんか。これをわが国のＴＰＰ正式参加直後に行うところなんか、正に彼らの手口を見たと思いませんか。これがＴＰＰ導入後となると、彼らはもっと正々堂々と自分たちにとって都合のいい公平競争ルールを盾に踏み込んでくることになるでしょうね。

板垣　ＴＰＰの真の狙いが、よく見えてきますね。

鮫島　銀行というのは、従来高コスト構造です。支店を構えるために、資産として土地や建物などの不動産という固定資産を持っていますが、不動産は持ってしまうと維持管理コストがかかります。また、支店には行員がいますから人件費もかかりますので、大変なコストがかかります。一方、セブン銀行やソニー銀行といったネット銀行であればＡＴＭだけですので、支店という店舗の運営コストがかからず効率的な運営ができます。実は、「ゆうちょ銀行」の場合、自前の本支店・出張所は二三〇ヶ所くらいで従業員数は一万三〇〇〇人弱ですが、銀行代理業者となっている全国の郵便局まで入れると、実質の店舗数は二万四〇〇〇店舗以上となり、日本郵便の正社員も二〇万人もいますので、超巨大な銀行になってしまうんです。一方のメガバンクの国内本支店数と従業員は、三菱東京ＵＦＪ銀行が七〇〇店強で三万五〇〇〇人強、三井住友銀行は四〇〇店強で二万二五〇〇人くらい、みずほ銀行は四〇〇店弱で二万人弱といった陣容です。この数字からも「ゆうちょ銀行」がいかに低い経常費用で運営されているか推測できます。その代わり経常収益の約八五％が利率の低い国債中心の有価証券利息配当金ですので、貸出金利息や振込手数料・為替取引からの収益が大きいメガバンクを比べると、今のところ低収益率になっています。

もし、政府が「ゆうちょ株」を手放し、外国資本が入ってくることになりますと、低コスト体質を維持しつつも運用方法の効率化や運用手段の改善を求めてくるでしょうから、今より収益率は大きく改善し、株主配当も大きくなってくると思います。

一方、「かんぽ生命」自体も、直営店舗七九店、従業員数も七〇〇〇人弱というように「ゆうちょ銀行」同様身軽な装備です。やはり全国の郵便局が募集網についていますので、土地・建物といった有形固定資産は総資産の一％にも満たない状況でどの大手生保よりも固定資産の規模自体も小さく、従業員数も四万〜七万人いる大手国内生保各社より格段と少ないので、事業比率では低コスト運営となっています。ところが、「かんぽ生命」の場合も総資産の六割もある国債を大手生保並の保有割合に下げるだけで二〇〜三〇兆円の資金をもっと利率のいい運用資産に移すことができます。そのために、「かんぽ生命」にもアメリカ勢は食い込みたがっていると思うんです。

このように、TPPの最大の狙いは、農業や工業のように土地・建物・物流といった現物が複雑にからむ分野ではなく、ルール一つで何とでもなり、ペーパーとオンラインだけでお金を動かすことができる保険、特に生命保険分野と金融市場であるように思います。

長々とお話させていただいた、健康保険への混合医療制度の導入による第三分野商品の大幅取り込み、企業職域の構成員契約規制の撤廃による効率的な第一分野商品の取り込み、共済の一般保険会社基準への移行による競争力の弱体化、完全民営化による「ゆうちょ銀行」「かんぽ生命」の運用資産の取り込みが、ＴＰＰの目的を達成する手段であるということがおぼろげながら見えてはこないでしょうか。

第3章　TPPで日本医療界への食い込み――国民皆保険制度の崩壊

＊米国は「トモダチ作戦」展開をキッカケに日本医療界への食い込みを図る

米国戦略国際問題研究所（CSIS）のジョン・ハレム所長、マイケル・ジョナサン・グリーン日本部長らは、「トモダチ作戦」展開をキッカケに日本医療界に食い込み、大儲けしようと躍起だ。

「トモダチ作戦」とは、米軍が二〇一一年（平成二三年）三月一一日に発生した東日本大震災に対して行った災害救助・救援・復興支援活動である。

米国太平洋軍司令部に北東アジア政策課日本担当として在籍中の米空軍退役軍人ポール・ウィルコックスを名付け親として、米太平洋軍司令ロバート・F・ウィラード大将が日本語の「友達」に因んで名付け、採用した作戦名であった。

大量破壊兵器（NBC兵器。核兵器・生物兵器・化学兵器）対策などを専門とする海兵隊の特殊部隊であるＣＢＩＲＦ（化学生物事態対処部隊）が到着。四月六日までにトモダチ作戦は、被災者の捜索・救援の段階から、福島第一原子力発電所事故への対応や復興支援の段階へ移行。米国連邦政府は、米軍が展開中の「トモダチ作戦」の予算が最大八〇〇〇万ドル（約六八億円）であることを、日本政府に伝え、現場でのトモダチ作戦としての支援活動は四月三〇日にほぼ終了している。

日本医療政策機構（ＨＧＰＩ、黒川清代表理事＝イノベーション二五戦略会議座長）と戦略国際問題研究所（ＣＳＩＳ、ジョン・ハレム所長）は二〇一一年一一月一一日、福島市のコラッセふくしまで、緊急フォーラム「グローバルに考える被災地の今～健康・医療分野における日米協力オープン・ダイアローグ～」を共催し、国内外の政府関係者・医療従事者・市民・ヘルスケア関連の企業の経営層、主要メディアジャーナリストなど約七〇名が参加した。

このフォーラムで、「トモダチ作戦」を展開した米国側の「真の意図」が判明した。それは、ＣＳＩＳと日本経団連が協力して作成、一一月初旬に発表した提言書「復興と未来のための日米パートナーシップ：三・一一後の日米協力タスクフォース」の記述から、よく読みとれた。

提言書は、「医療サービス提供の効率化や、遠隔地の一次医療から県庁所在地での三次医療までの統合、及び移転可能な電子カルテの導入を行うなどして、地域医療モデルを構築することが重要である。政府のガイドラインにおいても、保健セクターの再建に、電子カルテの導入などのＩＴを活用することが重視されている。被災した三県では、独自に県の保健職員や大学教員の知見を活用して医療サービスインフラの再構築を計画し始めており、県内外、国内外にパートナーを求めている」と記述している。

このなかでのキーワードは、「電子カルテの導入」である。日本政府は、未だに、これを決断していない。だが、「電子カルテの導入」で想起されるのが、ソフトバンクの孫正義社長のことである。日本全国に光ファイバーを張り巡らせて、「光の道」を築き、どこに行っても、「カルテ」が通用する国にしようと構想しているのだ。病歴が記録されて、同じような検査を繰り返す必要はなくなる。個人情報の管理面では、危険な要素があるとはいえ、これは、ＩＴ革命の大きな成果の一つとなるのは間違いない。

一億二〇〇〇万人の国民が、すべて電子カルテを所持する。そのためのインフラ整備は、巨大な利権となる。米国は、この利権に食い込もうとしているのだ。

＊「統合医療」で参入のきっかけを

「統合医療サービスシステムの構築と運営：新たな医療サービス施設の規模、立地、人員配置、また一次医療施設と二次・三次医療サービスとの効果的な連携方法を検討する」

この記述のなかで、日本の医療界にとって脅威になるのが、「統合医療」という言葉だ。

統合医療（Integrative Medicine）とは、西洋医学による医療と代替医療をあわせ患者を治療することである。米国のアリゾナ大学のアンドルー・ワイル医学教授により研修教育が行われている。

日本では、明治維新以前は、漢方医学や鍼灸治療などの東洋医学による伝統医療が主流だった。西洋医学は、亜流とされた。

ところが、維新以後は、急速に西洋医学が導入されて、これが主流となり、伝統医療である漢方医には、医師免許は与えられず、衰退した。

このため、大学医学部、医科大学での教育・研究は、西洋医学に基づいて行われてきた。漢方医や鍼灸師など日本伝統医療の流れを汲む者は、患者の体に触れることが違法にならないようにするために、鍼灸師の資格を取り、伝統医療を保ってきた。

今日、日本統合医療学会（ＩＭＪ）、日本統合医学研究会、日本補完代替医療学会などが、統合医療の実現のための教育、研究などを進めている。ＮＰＯ法人統合医療普及協会も、統合医療を法的に整備するよう政府に向けて活動している。

しかし、統合医療は、西洋医学と代替医療の併用を行うため、保険診療と自由診療（保険外診療）を併用する混合診療となるが、これは現在基本的に禁止されている。このため、自由診療が少しでも含まれる診療は全額が非保険扱いになるという問題がある。こうした日本の医療界の後進性に対して、米国側は、「日本特有の障壁」として、撤廃を求め、かつ米国医療界による参入のキッカケをつかもうとしている。日本医師会には、まさに脅威となっており、「ＴＰＰ交渉参加」阻止に全力を上げているのである。

＊混合医療を前提とする「統合医療」は、金持ちしか恩恵を受けられない

財界天皇と言われた土光敏夫元経団連会長が設立した「竹の会」（大野正会長）が二〇一一年一〇月一七日、東京文化会館での勉強会で、統合医療の専門家である「門馬登喜大ＡＪ統合研究所長」が、「現代医療の桎梏〜環境・医学・農業・教育の背景にあるもの　新しい生活哲学の確立を」という演題で講演した。

門馬登喜大所長は、一九五三年群馬県生まれ、二〇余年間教育分野に従事し、その後、環境問題が人体に及ぼす影響や様々な病気や障害の対処法を学ぶために、アメリカ・シアトルでアーユルヴェーダ医学（インド伝統医学）を学び、アーユルヴェーダ・アドバンスプラクティショナー（ＡＹＵ認定）の資格を取得。引き続きアーユルヴェーダの研究を進めると同時に、ＡＪ統合研究所所長として勤務している。

その講演の中で門馬登喜大所長は、次のような戦慄すべき話をしていた。

「一歳〜三歳の女児から生理が始まっているケースが、珍しくなくなっている。たとえば缶コーヒーを一日三本飲んでいる男性の場合、精子の数が何百分の一かの割合で減っている。これは、缶の内側にコーティングされているものから検出される環境ホルモン『ビスフェノールＡ』が、缶コーヒーを飲むことにより蓄積されるのが原因だ。これが、赤ちゃんが微量でも飲んだりすると脳幹を刺激して成長ホルモンを促進し、これが元で、米国では女子の三％の子が、

二歳〜三歳で、もっとひどい場合は、一歳でオムツに初潮の血がついているのが珍しくなくなってきている。そのような女の子は、大人になって、本当に子どもを産まなければならない二〇歳で早々と閉経を迎えるようになってしまう。日本も同じような傾向にあり、そうした例が多く報告されている」

これは、由々しき異常である。

こうした状態の中で統合医療（Integrative Medicine）という概念が、日本国内で急速に広がりつつある。統合医療とは、西洋医学による医療と代替医療をあわせて患者を治療するという意味である。

この概念は、米アリゾナ大学医学部のアンドルー・ワイル教授が提唱し、研修教育が行われてきている。日本における統合医療は、まだ始まったばかりである。

今日、日本統合医療学会（ＩＭＪ）、日本統合医学研究会、日本補完代替医療学会などが、統合医療の実現のための教育、研究などを進めている。ＮＰＯ法人統合医療普及協会も活動を行っている。

しかし、医師や薬剤師の免許を持たない者が、統合医療をかざして、治療行為を行ったり、薬の販売などを行ったりすると、「ニセ医者」「ニセ薬剤師」として医師法違反、薬剤師法違反の犯罪行為となる。

こうした時代の流れを受けて、鳩山由紀夫元首相は二〇一〇年一月二九日の施政方針演説で「統合医療の積極的な推進の検討」を表明した。

日本では通常の西洋医学による医療は健康保険でまかなわれるが、代替医療の大部分は健康保険が適用されない。統合医療は西洋医学と代替医療の併用を行うため、保険診療と自由診療（保険外診療）を併用する混合診療となる。二〇一三年九月現在、混合診療は禁止されている。

このため、自由診療が少しでも含まれる診療は全額が非保険扱いになるという問題が大きなネックになっている。つまり、金持ちしか「統合医療」の恩恵を受けられないということだ。

統合医療と似た概念としてホリスティック医療（医学）がある。ホリスティックとは、「全体」「関連」「つながり」「バランス」という意味をすべて包含した言葉であり、「ホリスティック医学」とは、からだ・こころ・いのちのつながりを大切にした生命まるごとの医学（健康）とされている。

統合医療は、いわば足し算であるが、ホリスティック医療（あるいはホリスティック医学）では、始めに全体ありきというスタンスをとるところに特徴があり、スピリチュアルな方法も排除せず、医師主導でなく、患者が自ら癒すことを重視しているという。

＊アメリカの高度の精神医療で日本医療界に参入

提言書に言う。

「東北地方の多くの人々が、家族や友人、自宅や故郷を失い、同地域には心的外傷後ストレス障害（ＰＴＳＤ）とうつ病の兆候が広がりつつある。ストレスは様々な疾患を引き起こす。東北の新たな保健医療課題は、精神的ケアを受けることが社会的不名誉とされ適切な心的外傷後ケアが不足する背景において、様々なレベルのストレスと共に生きる多くの人々をいかに支援するかである」

医療界において、精神医療は、大きな儲け口となっている。日本医師会の武見太郎元会長が、いまから三〇年ぐらい前に、私に「これから有望な医療は何かわかるかね」と質問したことが思い出される。「わかりません」と答えると、「それは精神医療だよ」と教えてくれた。文明が高度になり、生活が豊になるにつれて、精神を患う人が増えてくる。かつては、肺病患者が多くてサナトリウムが儲かった。ストレプトマイシンにより、肺病が薬で治るようになり、今度は、老人病院が儲かるようになった。だが、政府は、老人病院から老人を追い出そうとしている。だから、次は精神病だ。薬で治療するのだが、医療過誤で責任を追及されることもない。まさしく、この言葉通りの世の中になっている。

精神医療では、米国は最先端を走っている。この高度の精神医療を日本の医療界に導入して、米国は、大儲けしようとしているのである。

＊「国境なき医師団」が安価なジェネリック薬の供給・流通が妨げられる可能性を懸念

非営利で国際的な民間の医療・人道援助団体である「国境なき医師団」が二〇一二年四月五日付けでインターネットに「ＴＰＰ：ジェネリック薬を狙い撃ち？　知財権の議論に懸念」というタイトルをつけて、以下のようにＴＰＰの問題点を指摘している。

環太平洋パートナーシップ（ＴＰＰ）協定の知的財産権を巡る議論について、国境なき医師団（ＭＳＦ）は、途上国の患者の命をつなぐ安価なジェネリック薬（後発医薬品）の供給・流通が妨げられる可能性が強いことを懸念している。交渉の鍵を握るアメリカが要求しているとみられる項目を整理し、その問題点を指摘する。

①ＴＰＰとは？

環太平洋パートナーシップの略称で、「例外なしの関税撤廃」と「ルールや仕組みの統一」についての協定を結ぶことを目的としている。貿易、投資、企業の海外進出などが行いやすくなるとされる一方、参加国は各国内のルールの変更を迫られることになる。アメリカなど九ヵ国が交渉を始めており、日本は交渉参加を検討している段階だ。

②注目ポイントは「知的財産権」

ＴＰＰ協議の対象となっている項目は、関税、金融、通信、公共事業、医療などさまざまだ。知的財産もその一つで、医薬品の特許権などが含まれる。世界貿易機関（ＷＴＯ）で決められた保護規定があるが、アメリカはそれをさらに強化しようと考えているようだ。

国境なき医師団（ＭＳＦ）は、この流れに強い懸念を抱いている。医薬品特許の保護規定の強化は、患者の方々から命をつなぐ薬を奪うことにつながるからだ。なぜそういう事態が起きると予想されるのか。次の項目でまとめた。

③アメリカの主張／ＭＳＦの懸念

ジェネリック薬を脅かす貿易協定

ＨＩＶ／エイズ治療薬の価格差

ＴＰＰ交渉は非公開のため、各国の要望を直接知ることはできない。しかし、アメリカのＮＧＯ「ナレッジ・エコロジー・インターナショナル（ＫＥＩ）」が入手して二〇一一年二月に公開したアメリカ政府の内部文書で、アメリカの考え方が浮かび上がってきた。

Ａ．既存薬の形を変えただけでも特許

ＷＴＯの「知的所有権の貿易関連の側面に関する協定（ＴＲＩＰＳ協定）」では、特許の対象となる「新薬」について加盟国が国内事情に配慮して国内法に反映できることになっている。

アメリカはこれに対し、各国の決定権を制限する新ルールを導入しようとしている。その一つが「エバーグリーニング」の手法を用いた医薬品への特許だ。

エバーグリーニングとは、既存薬の形や使い方を変えた医薬品を、効果がアップしていなくても〝新薬〟として特許申請する手法。既存薬の権利独占が狙いだ。ＴＰＰでこのルールが認められると、ジェネリック薬（後発医薬品）が市場に参入するまでに長い年月がかかるようになる。その結果、ＭＳＦの活動地を含む多くの途上国で、患者の命をつなぐ安価な医薬品が手に入りにくくなってしまう。インドでは、エバーグリーニングを認めなかった政府を製薬会社が訴えるという問題まで起きている。

Ｂ．特許付与について事前の異議申し立てを制限

ＴＲＩＰＳ協定では、ＷＴＯ加盟国や第三者（製薬会社や患者団体など）による特許への異議申し立てが認められている。これは不当な特許付与を阻止するために必要な手段だ。ＨＩＶ／エイズ治療に使う抗レトロウイルス薬（ＡＲＶ）として普及しているネビラピンがその一例だ。インドでシロップ状のものが新薬として特許申請されたが、複数の民間団体が異議を申し立てた。これを受けてインド特許庁は二〇〇八年六月に特許申請を却下している。その結果、ＮＶＰの価格はここ数年で劇的に低下した。一方、アメリカは特許付与前の異議申し立てを認めない姿勢だ。また、手続きを煩雑化して費用を上げ、申し立てを抑え込もうとしている。

Ｃ．知的財産権の保有者を厚遇

ＴＲＩＰＳ協定では、取り締まりの対象となる不正商標商品（模倣品）や著作権侵害物

品（海賊版）は、商業目的で故意に商標を侵害して作った製品を指すと厳密に定義されている。一方、アメリカは「混同される恐れがある」というあいまいな基準を用いることを要求している。これは模倣・偽造・粗製品の製造といった犯罪行為の取り締まりと、パッケージが似ているかどうかなどの商標権を巡る議論とを取り違えている。さらに「輸出元と輸入元の両国で合法と判断される製品でも、輸送中の経由国の引き止め命令には従わなければならない」というルールも要求している。適用されると、ジェネリック薬が輸送中に不当に差し押さえられる可能性が高まる。知的財産権の侵害があった場合の損害評価について、「希望小売価格または権利者が提案する合法的な価格評価」を基準にすることを義務化しようとしている。つまり、中立の機関による客観的な評価ではなく、権利者を優遇する評価基準を求めている。

これらを総合すると、あいまいな基準でジェネリック薬の流通を阻害し、製造元に莫大な損害賠償を請求できることになる。

D．独占権で臨床データを囲い込み

ジェネリック薬の製造には、医薬品の安全性と効果に関する臨床試験データが欠かせない。販売の認可を申請する際に、既存薬と同質であることを証明するためだ。臨床データの独占権が認められた場合、既存薬の特許が切れていてもジェネリック薬を製造できない。独占期間の満了を待つか、臨床試験を再現するかの選択を迫られる。しかし、臨床試験の再現は現

実的ではない。すでにわかっていることを改めて証明するために、莫大なコストをかけ、動物実験を行い、患者に負担をかけなければならないからだ。アメリカ国内法では、特定の製品に対し五年の独占期間が認められている。一方、米国研究製薬工業協会（ＰｈＲＭＡ）は最長一二年を要求している。米議会からは異論も出ており、データ独占権に関するアメリカの対応は明らかになっていない。

Ｅ．その他　特許期間を巡る議論にも注意が必要だ。

ＴＲＩＰＳ協定では二〇年間までとなっているが、これを延長しようという動きが出ている。また、薬事所管局に特許に関する判定機能を持たせる「特許リンケージ」というルールも議論されている。医薬品の安全性や効果をチェックするための薬事所管局が、特許侵害について審査し、侵害の恐れがあると判断した場合は医薬申請を却下できるようにするというものだ。これらはジェネリック薬の排除を目的とした攻撃的な議論である。

④提言

アメリカは、患者の命をつなぐ医薬品を奪うこうした要求を撤回すべきだ。ＴＰＰ交渉の透明性を確保し、一般社会の監視のもとで進めるべきだ。ＴＲＩＰＳ協定などこれまでの成果を尊重し、調和するルール作りを目指すべきだ。

なお、「国境なき医師団」は一九七一年に、フランスの医師とジャーナリストにより設立された。世界二八ヵ国（二〇一二年現在）に事務局をもつ国際的な組織である。医師、看護師をはじめとする海外派遣スタッフと現地スタッフの合計約三万六〇〇〇人が、約世界七〇ヵ国・地域で活動している。日本からは二〇一一年、八九人の海外派遣スタッフが、二四ヵ国で計一二二回の援助活動に従事したという。

＊米国流になると、目の飛び出るような莫大な医療費を請求される

ＴＰＰに参加すると、医療の世界までアメリカ・ナイズされてしまうのであろうか。日本国内では、底知れない恐怖感が漂っている。米国の生活になじみのない日本国民にとっては、なおさらである。第一に、「健康保険証」を持っている国民にとっては、「国民皆保険」制度が、どのようにアメリカ・ナイズされてしまうのか、予想もつかず、本当に恐怖の対象になっているのだ。

そこで取り敢えずは、米国の病院にかかると、実際にどんな状況に立たされるのかを確かめてみようと考えて、実例を追ってみた。

外資系証券会社の役員だったＡさんからインタビュー方式で、以下のようにお話を伺った。

板垣　日本は大東亜戦争に敗北して以来、日本は、スウェーデン、デンマークなど北欧型の

「高度福祉社会」を大目標にしてきました。その成果が、国民皆保険と国民皆年金制度です。しかし、二回のオイル・ショックにより、財政がピンチに陥り、自民党政権は、「日本型福祉社会」という政策を打ち立てました。小泉純一郎首相が、構造改革に取り組んだなかで、健康保険制度を改めて、米国流の医療制度に大変革しようという動きが、活発化してきたのです。そこで、具体的に米国では、どんな医療制度になっているのかをお聴きしたいのですが、どうでしょうか。

Aさん　これは、ニューヨーク在住の私の知人の話です。一年ほど前、彼が日本人の間で行われたあるゴルフコンペに出るために、そのコンペの前に練習をしていたとき、なんか体調がおかしいと感じ、倒れる前に自分で警察を呼んで、救急車を手配してもらい、自分で救急車に乗り込んで病院に運んでもらったそうです。

そのまま一週間、検査入院をして、「心筋梗塞の疑いがある」という検査結果だったわけですが、さらに驚いたことはその請求額で、なんと一二〇〇万円も請求されたそうです。救急車を呼んでおりますので、その料金はもちろんのこと、ドライバーからはチップが請求されており、そうした諸々のサービス料も含めた金額です。

板垣　手術はしてないのですか？

Aさん　してないです。検査だけです。アンビランス（救急車）代から、諸々入れて一二〇〇万円だったそうです。心筋梗塞の疑いということで、治療をどうしようかと考えたそうですが、検査だけで一二〇〇万円ですから、さらに治療となると、いくらかかるかわからないということで、治療は日本でやってもらうことにしました。

彼は、名古屋出身でしたので、名古屋大学病院と双璧の藤田保健衛生大学病院という大きな病院がありまして、帰国して再度受診いたしました。二週間入院したそうですが、請求金額は七〇万円だったということです。日本では薬のサイズが小さくなりますから、その分だけでも身体への負担もすくなくなるでしょうし、なによりも一二〇〇万円に比べたら大きな違いです。

彼は、ニューヨークで約一二〇〇万円の請求をどのようにして払ったかといいますと、退院の際、一旦は自己負担で支払いをしているそうですが、たまたま彼が加入していたクレジットカードに、海外旅行保険が付帯されていましたので、診断書を出して請求したところ全額戻ってきたとのことです。

さらに、日本でも海外旅行中の入院ということで、日本の国民健康保険からアメリカでの入院検査費についても、日本でかかる費用に換算された上で、約三〇万円程度が返ってきたとのことです。クレジットカード付帯の海外旅行保険から全額支払われている如何に関わらず、戻ってくるものなのだそうです。

海外で働いてきた人たちの多くが、六〇歳を越えて七〇歳になる頃になると、生活の上で一番心配なことは医療です。なので、多くの方が七〇歳近くになってくると日本に戻って来ています。いくら個人で生命保険に入っていたとしても、急な検査や入院が必要になったときの不安は大きいです。また、いくら海外生活に慣れていても、細かい症状の説明などは、日本語に勝るものはありません。

さらに、高齢者になって罹る病気の回復にはリハビリがつきもので治療期間が長期化になりがちです。日本の保険診療の場合は、リハビリの専門スタッフ（パラメディカル）が三人～四人くらい付いてくれますので、日本に帰国する高齢者がどんどん増えてきています。

若い時期に海外に出て事業を成功させ、海外に資産を蓄えて、日本に帰国する高齢者の大半は、海外で蓄えた資産の利息や配当で日本の生活費が賄えます。

日本に帰国して住民票を移して国民健康保険に加入すれば、老後を日本で安心して暮らせます。ところが、ＴＰＰで米国の基準にされてしまうと、医療についての不安は米国にいるのと同じものになってしまうことが考えられます。

日本は、いろいろなサービスが大変きめ細かいです。米国在住の大金持ちの日本人が、帰国したのですが、米国ではプライベートジェットを持っていて日常はそれで移動しているのに、その帰国の際、そのプライベートジェットは置いてきていました。なぜ置いてきたのかと理由を尋ねたところ、米国では飛行機が些細なことで欠航になることが多く、次の便まで何時間も待たされたり、また時間通りに飛ばないことも頻繁にあり、そのようなことでプライベートジェットで移動していたわけですが。

ところが日本では、一時間置きに飛行機は飛んでおり、欠航になることも少ない。飛行機にしても鉄道にしても時間通りに運行されるので、プライベートジェットは日本では必要ないということで米国に置いてきたまま日本に戻って来ています。彼もやはり医療のことを考えて帰国していますが、日本は最高だと言っています。

健康というのは、ヘッジも何も効きませんので、やはり国民皆保険という最高のシステムのために、帰国してきている人が大変多いです。

板垣　ＴＰＰが導入されると、日本の医療は大きく変わってきますね。目の飛び出るような莫大な医療費を請求されるようになってしまう。

Ａさん　変わってくるでしょうね。自由診療になって、米国は生命保険への加入を勧めてくるでしょう。簡易保険とか健康保険をつぶしにかかってくるでしょう。国民健康保険はそこだけをみると赤字になっているので、「赤字にしておいて、どうして消費税を上げるんだ」などと言って、黒字にするように要求してくるでしょうね。そこを指摘されると弱いと思います。

検査入院で一二〇〇万円請求されたニューヨークの知人の例をとってみても、たまたま日本で保険付帯のクレジットカードに加入していたから良かったですが、ＴＰＰで日本の医療も変わってくると、それだけの金額が保障されている民間の保険に加入しなければならないということになるでしょう。

米国では、救急車で運ばれてきた患者さんが、実際に治療費が払えるかどうかの判断は、身につけている時計で判断するとよく言われています。

米国においては、保険加入は個人の権利で、自己責任という考え方が基本にありますから、国家が強制できません。しかし、一二〇〇万円の医療費は、保険に入っていないと払えないです。

先日、銀座で病院を開業している人と話をしましたら、ものすごい赤字なのだそうです。保険制度で、投薬で利益が出せなくなり、診療報酬だけです。診療報酬は銀座で診療するのも地方で診療するのも同じですから、銀座の高い家賃を払っている分が赤字になってしまうそうです。なので、今、銀座で開業しているお医者さんは、病院はそのまま置いておいて、地方に出て診療しているそうです。

住友重工などが開発したガンを治す粒子線（陽子線）治療の機械が一台で三〇億円から四〇億円かかりますが、あの機械をメンテナンスできるのは、日本人だけです。あの機械にメンテナンスができる技術者をつければ、北方領土の一つか二つは還って来ると、米国で言われているほどです。

安倍さんがコミットするという話が出ていました。メンテナンスをするということだと思いますが、それは大変有り難いことだそうです。そんな大変な機械なら、日本に治療に来ればいいのでは？　と思われますが、あの治療をするには三〇日間毎日一五分程度照射しなければなりませんから、三〇日間日本に滞在できなければなりませんし、また治療が終わった後、本国に帰ってからその治療を引き継ぐ人がいなければなりません。そのためには、日本でのカルテが英語で書かれていなければなりませんが、なかなか英語でカルテを書ける医者がいないそうです。

いま、バンコクの病院に京大の先生が八人くらいいるそうですが、日本から治療に行くと、日本語で処置をしてくれます。費用は八分の一くらいです。タイへ行って、安い費用で、京大の先生に治療してもらうほうがいいのです。ＩＣＵから出ると、その病院の下にある日本レストランから出前をとったりもできるそうです。

日本ではガンの手術などは三ヶ月待ちの状態ですから、そのような日本の医療が受けられるタイや、シンガポールの病院に行くそうです。中小企業の社長さんが、ガンを患って入院する場合、日本の病院だと、すぐに取引銀行の担当者が様子を見に来ます。要するに、貸付を心配して来るわけです。

特に地方の病院ですと、入院先はだいたい決まっていますから、すぐにわかってしまいます。ところが、タイやシンガポールなら、工場見学ということにしておけば、（納得されて）わざわざ見に来ることはないです。

板垣　ＴＰＰになると、あれこれ基準を合わせなくてはならないですから、どこもかしこも大変ですね。

第4章　TPPで雇用はどうなる——解雇自由の法制化

＊米国流の「雇用ルール」を日本に移植しようとしている

安倍晋三政権は、産業競争力会議（議長・安倍晋三首相）で「解雇自由の法制化」を検討を進めている。この会議は、「アベノミクス」策（三本の矢＝大胆な金融緩和、大規模な財政出動、力強い成長戦略）の三本目の矢である「成長戦略」づくりとともに、規制緩和・撤廃策を提案するのを目的にしている。

規制緩和・撤廃策の一つが、「解雇自由権の法制化」である。これを米国が旗振りをしているTPPと結びつけて、米国流の「雇用ルール」を日本に移植しようとしている。その推進者が、市場原理主義者である竹中平蔵元総務相（元金融担当相）だ。

ブッシュ政権第一期目の大統領経済諮問委員会のグレン・ハバート委員長（コロンビア大学ビジネススクール校長、アメリカンエンタープライズ研究所の客員スカラーも兼務。サプライサイド経済学者、オバマ大統領二期目の大統領選挙のライバル、共和党のミット・ロムニー候補の選挙参謀）の直弟子の一人が、竹中平蔵元総務相である。

日本国憲法第二八条は、「勤労者の団結する権利及び団体交渉その他の団体行動をする権利は、これを保障する」と勤労者の団結権、団体交渉、団体行動を定めている。いわゆる「労働三権」である。

この条文は、明治憲法（大日本帝国憲法）になかった規定だ。大東亜戦争敗戦後、民主化政策の一環としての労働組合育成の要請から憲法に明文化された。この権利は、「社会権」であると同時に、人権上、私人間においても、当然適用される。

団結権は、労働組合を結成する権利である。労使関係において立場の弱い労働者が、団結して自分たちに有利な労働条件を確保することを目指す。

団体交渉権は、労働者が団結して使用者と交渉し、労働協約を締結できるようにする。解釈上、団体交渉権と団体行動権は別のものと考えられている。さらに、文言が「勤労者」となっているため、労使関係の有無に関わらず、その他の働き方に対しても、利害関係のある者との間に団体交渉権が保障されるべきであるとされており、委託、請負、フランチャイズ契約で働く勤労者、あるいは、それらを支援する有識者の間に広がっている。

団体行動権は、ストライキなどの争議行為をすることである。団体交渉権の裏付けにもなっている。ただし、これが発動されることによって多くの国民が不利益を被るような職種の場合、公共の福祉の観点から団体行動権が法律で制限される場合もある。

この法文に定める権利が制限される職は、警察官・自衛官・消防官（労働三権の否定）、一般国家公務員・地方公務員（団体交渉権・団体行動権の否定）、現業公務員（労働協約締結権の制限・団体行動権の否定）である。

この条文の下で、労働組合法、労働基準法、労働関係調整法などの労働基本権という法体系が組み立てられている。

ところで、日本国憲法は、ＧＨＱのマッカーサー最高司令官によつて作成された英文の草案をもとにして作成されたので、基本的に米国流の法体系によって整備されたはずであった。けれども、社会慣習の違いがあり、完全に米国流にされたとは言えなかった。

＊米国各州で「解雇自由権」法制化が拡大

米国ではいま、州レベルで「労働権」についても法制化が拡大している。この場合の「労働権」とは、労働協約や労働条件を定めた法律・制度に縛られないで、「自由な労働市場で働く権利」、すなわち、労働時間も賃金も解雇も自由に市場が決める権利という意味である。

ＴＰＰが締結されれば、この米国流の「労働権」が締結国のスタンダードになる。日本でも、「解雇自由権」について、ようやく強く意識されてきている。

産経新聞ｍｓｎ産経ニュースは、「米国で組合加入の強制禁じる『労働権』導入州相次ぐ、狙いは企業誘致」という見出しをつけて、二〇一三年一月九日に以下のように配信している。

「米国で労働組合の加入の強制を禁じる『労働権』を導入する州が相次いでいる。労組の影響力をそぐことによる企業誘致と地域振興が狙いで、米労組の〝総本山〟ともいわれるミシガン州にまで広がり、労組関係者に衝撃を与えている。労組の存在感の低下のほか、与野党の綱引きが背景にある。『ここはミシガンだ。労働権などいらない』『組合つぶしに抗議する』昨年12月11日。ミシガン州の州議会議事堂に労組関係者が大挙して詰めかけ、騒然とした中、労働権法が可決された。全米で24番目、ほぼ半分の州で労働権が導入されたことになる。今年に入っても、ミズーリ州の商工会議所が議会に法制化を今月要請するなど、導入に向けた動きが広がる」

＊各州の企業誘致力を強化するのが最大の目的

労働権法は、労働者を雇用する条件としての労働組合加入義務付けを禁じ、全従業員からの強制的な組合費徴収を違法と定めた法律である。

米国における労働権とは、日本での概念とは違う。「労働する権利」という労働者の立場に立った単純な内容でない。労働者に労組への加入の義務づけを禁じ、労働者が任意で加入を判断できる権利も指している。

米国では一般に非組合員も組合費が徴収される。だが、労働権が認められた州では組合加入も組合費の支払いも任意だ。このため、「組合弱体化」法とも呼ばれている。

こうした労働権の法的根拠は、労組の権限を制限したタフト・ハートレー法（一九四七年制定）とされている。

「労働権」関連法は、南部諸州が導入し、新産業誘致の後ろ盾となってきていた。各州の企業誘致力を強化するのが最大の目的であった。

各州が労働権法を導入しているのは、企業誘致と地域経済の振興を推進するのが、最大の目的だ。企業にとって、この法律により労組が相対的に弱い州に進出し、工場や本支社を建設すれば、賃上げ要求に悩まされることも少なくなり、人員配置も行いやすくなるというメリットを得ることができる。州としても、雇用拡大に資するのでプラスは大きい。

もともと保守的な南部の州で広まり、近年は他地域に拡大していた。中西部のミシガン州とインディアナ州は、隆盛を誇っていた製造業が衰退してしまい、「ラスト・ベルト（さびれた産業地帯）」という汚名を被るまでに落ちぶれていた。そのインディアナ州が二〇一二年二月、労働権法を制定したところ、これを契機に企業進出が増え始めたというのである。

そして、この労働権法制定の波は、ミシガン州の雇用市場にまで及んできた。ミシガン州のリック・シュナイダー知事は、「職場に公平さをもたらす」という理由を示して支持を表明し、二〇一二年一二月一一日に署名、成立させた。労働権法がある州は、ミシガン州を加えて二四州となった。この労働権法につられて、トヨタ自動車が進出してきているという。

ミシガン州デトロイトは、ゼネラル・モーターズ（ＧＭ）など自動車大手が本拠を構え、「最強の労組」の異名を持つ全米自動車労組（ＵＡＷ）を擁する「企業城下町」であった。すなわち、米国の自動車産業の中心地になってきたので、俄然、労働組合が力を持ち、「米労組の総本山」とも言われてきた。だが、組合員数はピーク時に一五〇万人を誇っていたのが、四〇万人弱に激減している。

それでも、ミシガン州は、米国で五番目に労組の力が強く、労働者の一八・三％が組合に加入している。ミシガン州よりも組織率の高い四州はニューヨーク（二六・一％）、アラスカ（二三・七％）、ハワイ（二二・五％）、ワシントン（二〇・四％）で、これらの州では、労働権法はまだ導入されていない。

しかし、ＴＰＰに加入して貿易と投資の全面的自由競争の世界に踏み込む日本の企業にとって、これほどありがたい話はない。逆に、米国で労働権法制定が本流になり、これが国際ルール化していき、日本がＴＰＰに参加したとき、これに「右へ倣え」ということになるのは、目に見えている。

＊労働組合「連合」が分裂、旧同盟系が「自民党支持」を公言

日本の労働組合の現状は、悲惨なことになっている。労働組合「連合」（古賀伸明会長）が

ひどい状況になっているのだ。組合員一〇〇〇万人を目標にしているのに、実態は、六〇〇万人にすぎない。「連合」傘下の各労組の組織率の低下に歯止めがかからない。いわゆる「闘争力」も衰えている。最近は、デモやストライキすら少なくなっていて、「闘争資金」が蓄積され続けている。労組幹部が「貴族化」しており、かなり贅沢な生活を謳歌している。俄然、正規社員で構成される労働組合員の利益擁護に専念して、非組合員や一般の労働者の生活に関心を抱かなくなっているのだ。

労働組合「連合」の古賀伸明会長はいま、「連合」自体の分裂に強い危機感を抱いている。「連合」は、旧総評系（旧社会党系）と旧同盟系（旧民社党系）によって組織されているのだが、二〇一二年一二月一六日の総選挙の結果、「連合」を最大の支持母体にしている民主党が、大惨敗した後、急速に分裂の傾向が強まってきたのだ。労働組合「連合」も一枚岩ではない。安倍晋三首相が経団連の米倉弘昌会長ら財界首脳に「賃上げ」を要請したことから、労働組合の「お株」を取られてしまい。「連合」が分裂気味になってきた。

旧総評系（旧社会党系）と旧同盟系（旧民社党系）の労組を中心にして構成されてきた「連合」だったのに、元来、自民党より「右寄り」の旧同盟系が民主党離れして、「今後は自民党を支持していく」と公然と口にしてはばからない幹部や幹部ＯＢが増えているのだ。労働者にとっては、賃上げを要請してくれる政党は味方だ。これは即、民主党の弱体化の原因になっている。つまり、民主党はガタガタなのだ。

こうなると、いまの「民主党」という党名を維持していくのは難しい。「自由民主党」「社会民主党」「共産党」などは、政治哲学・理念、主義主張、政策などがはっきりしているけれど、ただの「民主党」では何を目指しているのか、訳が分からない。

これまでは、国民有権者ははなはだ困るのである。民主党の創設者であり最大のスポンサーだった鳩山由紀夫元首相は、「友愛」を信念にしていたのに、「友愛民主党」という党名をつけなかった。ここに大きな誤りがあった。

旧民社党系「民社協会」の所属の全国政治家が二〇一三年三月一九日、東京都港区内のホテルに集まり、パーティを開催した。総選挙で衆院議員のほとんどが落選したが、「今後とも会合を開いて結束して行こう」と団結を確認し合ったという。この会合でも、「自民党支持」の声が囁かれていたという。

自民党の安倍晋三首相がいかに「賃上げ」を経営側に要請したとしても、非正規社員やパート労働者たちの権利を伸長することにならない。「連合」が分裂してしまっては、労働運動が将来的に労働者の生活を維持するのが難しくなる。「連合」の存在意義そのものが疑われる。ましてや、「連合」を支持母体とする民主党まで、再起不能な状態になれば、労働者の権利を守る政治集団さえ成り立たなくなってしまう。そればかりか、ＴＰＰ参加により、米国流の「労働ルール」が、日本国内でも強制される時代が到来れば、これに抵抗する勢力が衰え、消滅してしまう。

こうした動きに古賀伸明会長は、強い危機感を感じており、「連合」組織の再構築に力を注いでいる。

＊竹中平蔵元総務相が「正社員の保護を緩和すべき」と主張

日本の労働市場には、正規社員と非正規社員とがいる。正規社員は、労働法制に基づく「解雇規制」により、その立場が保護されている。

正規社員の解雇は、以下のような「整理解雇の四要件」が判断の基準となっている。整理解雇の四要件のいずれが欠けても解雇権の濫用となり、無効とされる。

1．人員整理の必要性＝余剰人員の整理解雇を行うには、相当の経営上の必要性が認められなければならない。一般的に、企業の維持存続が危うい程度に差し迫った必要性が認められる場合はもちろんであるが、そのような状態に至らないまでも、企業が客観的に高度の経営危機下にある場合には、人員整理の必要性は認められる傾向にある。

人員整理は基本的に、労働者に特段の責められるべき理由がないのに、使用者の都合により一方的になされるものであることから、必要性の判断には慎重を期すべきであるとするものが多いが、判例によっては、企業の合理的運営上やむを得ない必要性があれば足りるとして、経営裁量を広く認めるものもある。

２．解雇回避努力義務の履行＝期間の定めのない雇用契約においては、解雇は最後の選択手段であることを要求される。役員報酬の削減、新規採用の抑制、希望退職者の募集、配置転換、出向等によって、整理解雇を回避するための相当の経営努力がなされ、整理解雇に着手することがやむを得ないと判断される必要がある。この場合の経営努力をどの程度まで求めるかで、若干、判例の傾向は分かれる。

３．被解雇者選定の合理性＝まず人選基準が合理的であり、あわせて、具体的人選も合理的かつ公平でなければならない。

４．手続の妥当性＝整理解雇に当たって、手続の妥当性が非常に重視されている。説明・協議、納得を得るための手順を踏んでいない整理解雇は、他の要件を満たす場合であっても無効とされるケースも多い。

このうち、「解雇回避努力義務」には、非正規社員の削減と新規採用の停止をすることが求められている。企業は、人員整理する際、まず非正規社員の解雇（あるいは派遣切り）をした後に、正規社員を整理解雇しようとする場合、整理解雇の四要件を満たさなくてはならない。

しかし、米国流の市場原理主義者である竹中平蔵元総務相（元金融担当相）は「日本の正社員は強く保護されて容易に解雇ができない非常に恵まれた存在であり、企業はリスクを回避するために非正規の雇用を増やしてきた。経済を成長させるために正社員の保護を緩和すべき」

と主張している。

この考え方から、正規社員の解雇規制緩和論が生まれている。すなわち、正規社員の整理解雇に関する規制が非正規社員に比べて強く、これがために、日本の労働市場に正規と非正規の二重構造を現出し、「大きな歪み」が生じているため、これを緩和するべきであるという。解雇規制緩和により、「労働市場の流動化」を図ろうという論法である。

米国は、雇用に対する規制が緩く、レイオフも容易で、非正規雇用比率は主要国の中で一番低く、失業期間も短いというのを肯定的に受け止め、日本の労働市場を米国化させようとしているのだ。

だが、日本では、景気変動に備えるため「非正規社員」が数多く利用されてきた。好景気のときは多く雇い、景気が悪くなると、クビ切りして雇用調整するのだ。

二〇〇八年、リーマン・ショックによる金融危機が起きたのがキッカケとなり、世界は不況に見舞われて、多くの企業が経営悪化を引き起こし、このため大量の「派遣切り」が行われ、それが社会問題化した。

だが、正規社員と非正規社員とを同等に扱うか、平等に扱うかという問題になると、簡単なことではない。正規社員のいわば「特権的な立場」を弱めて、非正規社員の立場に近づけて、待遇を同一にすればよいというような単純なものではない。

入社以来、徹底的に技術・技能を叩き込まれて、仕事に熟達・熟練した正規社員と、それらの修行や経験も浅く、単純労働に従事する非正規社員とは、やはり違う。「同一労働同一賃金」とはいかない。すなわち、「競争市場であれば同じ商品の価格は一つに決まるという一物一価の法則」を、労働市場に単純には当て嵌められないのである。

また、非正規社員を解雇しにくく規制強化すると、企業は、容易にクビにできるアルバイトやパートを採用したり、産業用ロボットを導入したり、あるいは、労賃の安い海外へ移転したりするようになる。この結果、産業の空洞化が起こり、結局雇用量が減少してしまう事態を引き起こしてしまう。

こうした問題を抱えつつ、日本政府は、「米国流の雇用形態」の影響を受けながら、労働法制の改革に取り組んできた。

小泉純一郎首相は二〇〇一年、「雇用の流動化が進む中で、解雇基準やルールの明確化は必要だ」と述べ、解雇法制への取り組みを表明して、二〇〇三年に労働基準法を改正した。

政府原案では「解雇は原則自由――ただし濫用は無効」となっていたけれど、民主党等の反対を受け入れて、修正により解雇権濫用法理が前面に出された。雇用の流動化を促し、成長企業への人材供給を後押しする当初の狙いからは後退した。

第一次安倍晋三内閣は二〇〇七年、経済財政諮問会議、規制改革会議の再チャレンジワーキンググループは解雇規制の緩和、正規・非正規の均衡処遇を提言した。だが、実現には至らなかった。

最近の動きでいえば、二〇一二年八月に公布された労働契約法の改定がある。有期の労働契約の労働者がその職場で五年勤めた場合は無期労働契約にあるという、一見前向きの改定なのだが、実態は五年になる直前に実質上の解雇をする動きが、いま広まっている。

第二次安倍内閣は二〇一三年、経済財政諮問会議、産業競争力会議、規制改革会議それぞれにおいて、解雇規制の緩和、労働市場の流動化を提言・検討している。

＊産業競争力会議で民間議員が「解雇を原則自由に」と提案

朝日新聞DIGITALが二〇一三年三月一五日、「『解雇を原則自由に』産業競争力会議で民間議員が提案」という見出しをつけて、以下のように配信した。

「安倍政権の成長戦略づくりを担う産業競争力会議（議長・安倍晋三首相）が一五日開かれ、民間議員が、解雇を原則自由にするよう法改正を求め、お金を払って解雇できるルールづくりを提言した。今後、欧州の例などを調査して具体化を検討する。

『人材力強化・雇用制度改革』をテーマにした分科会での議論を経て、分科会主査の長谷川閑史（やすちか）・経済同友会代表幹事（武田薬品工業社長）が提案した。労働契約法（労契法）一六条は、解雇に『客観的に合理的な理由』を求めている。仕事ができないことや規律違反、経営不振による人員整理など、正当な理由がないと解雇はできない。立場が弱い働き手を不当な解雇から守るための規定だ。

長谷川氏らは労契法一六条の見直しを提案。解雇が禁止される場合の明確化や労働者への配慮に言及したものの、『民法にある解雇自由の原則を労契法にも明記すべきだ』と求めた。『再就職支援金』を払って解雇できる制度も提案した」

いま日本で安倍政権が進めようとしている、カネを払えば正社員といえども解雇できるという「解雇自由法」制定のモデルは、すでに米国で進んでいるのである。言い換えれば「解雇自由」こそがＴＰＰ圏のスタンダードになるということだ。

共同通信は二〇一三年三月二八日、「解雇の金銭解決導入せず　安倍首相、衆院予算委で」という見出しをつけて、次のように配信した。

「安倍晋三首相は二八日の衆院予算委員会で、一定の金銭を支払うことで企業が従業員を解雇できるとする解雇の金銭解決ルールを導入しない方針を明らかにした。民主党の山井和則氏への答弁。

首相は『解雇を自由化しようなんて考えていない。金銭解決についても（導入は）ない』と強調。一方で、解雇規制の緩和を議論している政府の産業競争力会議について『会議は有識者が入っている。私の考え通りにやるなら話を聞く必要はない』とも述べ、会議の議員同士の自由な議論を尊重する考えを示した。産業競争力会議では、経営者側の民間議員が、成長産業に人材を円滑に移すため、解雇の際に金銭解決を含めた対応が可能になるよう、労働契約法でルールを明文化することを要求。また雇用調整助成金制度を見直し、他の会社への転職を支援することも求めていた」

＊解雇の金銭解決はやるのかやらないのか

この三月二八日の衆院予算委員会《山本有二委員長＝自民党》における安倍晋三首相と民主党の山井和則衆院議員との質疑を、以下のように再現しておこう。

山井委員　今日は、安倍総理に質問通告をさせていただきました。専門的な質問はするつもりはありませんので、ぜひとも、ほかの大臣ではなく、安倍総理の御見解をお聞きできればと思っております。

テーマは、先ほど福田議員の質問にもありました解雇の金銭解決、そして、格差、貧困。アベノミクスと言われております。一定の効果はあるのかもしれませんが、一面では、物価はどんどん上がっていくということも含めて、アベノリスクとも言える副作用、非常に私は深刻だというふうに思っております。

例えば、解雇の金銭解決というものが、その方向になってしまうのであれば、サラリーマンの方々は非常に雇用が不安定になるわけですし、雇用の安定なくして成長というものはないと思いますし、また後ほど触れますが、今回、生活保護、過去最大の、最高三年間で一〇％引き下げるということでありまして、このことに関して、子供たちが進学を諦めざるを得ないとか、そういうことが起こってくる危険性は、私は非常に高いと思っております。

最初に、今日資料を配らせていただきましたが、一枚目、ちょっとごらんをいただきたいんですが、先日の三月一五日、産業競争力会議が行われました。そして本日は、今の時間、一〇時から、規制改革会議の雇用ワーキングチームの初会合が今行われております。その中の議論の一つが、解雇規制の緩和、金銭解決というものであります。

この官邸のホームページによりますと、配付資料の一ページ目でありますが、産業競争力会議の席で、安倍総理は、雇用の支援策を、雇用維持型から労働移動支援型へというように変えていくというようなことをおっしゃっておられます。この意味と、この中には解雇の金銭解決、解雇規制の緩和というものも含まれているのか、これは安倍総理の発言ですので、安倍総理、御説明をお願いいたします。

安倍内閣総理大臣　現在、経済は、グローバルな経済の中において、産業構造も大きく変わっていくわけであります。この産業構造が変わっていく中において、成熟した産業、しかし、成熟した産業の中で発展が見込まれないという分野もあるわけでありまして、この分野から成長が見込まれる分野に労働移動をしていく、しかも、それが円滑に移動していくということが極めて重要なんだろうと思います。

つまり、成熟型の産業の中で、かつ、将来成長が見込まれない、逆に、だんだん、もうその分野においてはむしろ衰退をしていくということが見込まれるという状況の中において、結果として、そこにみんながしがみついても全員が職を失う、収入を失うということになってしまうわけでございます。

そこで、労働移動を円滑化していくことによって、失業なき、いわば労働移動支援型の形へシフトさせていくことによって、例えば、そちらに行く上において職業訓練等のキャリアアップも行っていくという支援をしていくことによって、失業せずに、いわば成長が見込まれる分野において人材も供給されるし、そして、そちらに移っていった勤労者にとっても、職が確保される、収入が確保されるということになっていくということになるのではないかと我々は考えたわけでございまして、その文脈において、私はああいう発言をさせていただきました。

そして、雇用規制の見直しについては、これにより労働移動が円滑に行われるという見解、今申し上げましたが、という考え方がある一方で、多くの勤労者が賃金によって生計を立てているわけでありまして、雇用を通じて社会とさまざまなつながりが形成されているということを踏まえれば、これは労使間で十分に議論が尽くされるべき問題であろう、こう思っております。そういう考え方から、会議において発言をしたところでございます。

山井委員　趣旨はわかりましたが、私が質問したことにお答えをいただきたいと思います。その労働移動型への転換の中に、先ほど質問しましたように、解雇の金銭解決という方法も含まれているんですか。いや、安倍総理にお聞きしております。安倍総理の発言について聞いているわけですから。

山本委員長　その前に、田村厚労大臣。担当専門家から、わずかの時間ですから。

田村憲久国務大臣（厚生労働相）　まず、今、総理がおっしゃられたように、労働、今までは雇用を維持しておったものを、それを移動するということで、国の助成金等々もそちらの方に移動していくように、そういうような議論があります。

それからもう一方で、今委員がおっしゃられた、解雇に対する一つの規制みたいなものを緩めるべきだというような……、（山井委員「いや、その話はもういいですから」と叫ぶ）いいんですか。解雇規制の話じゃないんですか。（山井委員「長いからいいです。これは審議妨害ですよ、関係ないことを言って」と叫ぶ）いや、解雇規制の話を話せと言われたから申し上げているので……。

山本委員長　不規則発言はやめてください。不規則発言をやると、余計答弁が長くなるじゃないですか。

田村国務大臣　それに関しては、議論は出ておりますが、基本的に、金銭解決の問題というものに関して申し上げれば、それは、世界じゅうを見ましても、金銭で解雇するというような制度はございません。

いいですか。世界じゅうを見ても、解雇が無効だとなった後に、その後、解決手段として金銭で解決するような国はありますけれども、そもそも、金銭を払って、そして解雇をするというような制度はございませんので、そこのところは御理解をいただきながら、いろいろと御意見をいただければありがたいと思います。

山井委員 私は、田村大臣の見解を聞いているのではなくて、安倍総理がこの発言をされた中に、解雇の金銭解決ということも含まれているのかということをお聞きしているわけであります。

安倍内閣総理大臣 いわば、解雇規制について、これは労働行政担当大臣から正確に説明するという必要が、私はやはり国民の皆様に対してあったと思いますよ。それを理解している上でこれは議論しているわけではありませんから、多くの国民の皆さんは、いわば、労働法制がどうなっているか、解雇規制がどうなっているのか、世界の趨勢はどうなっているかということをやはり説明させていただかなければいけませんから、その観点から、今、田村大臣から御説明をさせていただいたところでございまして、田村大臣が今申し上げたことが基本的に政府の方針でございます。

同時に、産業競争力会議の中では、参加をしている有識者はさまざまな観点から自由に議論をしていくわけであって、その議論の中において、各議員から出た発言が私の考え方とイコールということではないんですよ。それぞれの方々から出た意見について、そうした意見をもとに我々は最終的に政府としての方向を決めていくということでありまして、だからこそ、自由な議論が行われていく中において、今までとは違うダイナミックな方向性が示されることもありますし、また、この問題については、そもそも基本的な姿勢については、今、田村大臣が示したとおりだということは申し上げておきたいと思います。

山井委員　安倍総理に聞いているんです。この労働移動支援型への大胆なシフトの中に、解雇の金銭解決という方法も含まれているんですか。

安倍内閣総理大臣　だからこそ、今、田村大臣が御説明したように、国の基本的な方針を今お示しをしたとおりでありまして、それは含まれていないということなんですよ。

その中においても、さまざまな方向性についていろいろな議論が今なされているということでございますが、しかし、議員について、それが例えば私の考えと一緒かどうかということを一々ここで説明するのも、私はそれはどうかと思いますよ。

まずは、産業競争力会議の中で、さまざまな議員が自由に皆様の見識の上で発言されることが極めて重要なんだろう、こう考えているところでございます。

山井委員　いや、私、ちょっとびっくりしました。安倍総理の考え方の中に、解雇の金銭解決が含まれていない、これは本当に重い答弁だと思います。本当にそれでいいんですか。

これは、先日の産業競争力会議で配付された資料をここにお配りしております。その中で、どういう議論がされているかというと、ここに三月六日の産業競争力会議のテーマ別会合の議事録がありますが、この中でも、数人の委員の方が、日本の解雇規制は厳し過ぎるから緩めるべきだという主張をされておられます。

安倍総理がおっしゃるように、さまざまな意見があるのかもしれません。しかし、私が気になるのは、では、解雇規制を緩めて、あるいは金銭解決で、切られる側の労働者にとって、いや、それは困るんじゃないか、例えば子供の学費はどうなるんだ、住宅ローンはどうなるんだ、といった反論が当然あると思うんですね。ところが、そういう切られる側、労働者側の発言というのが一つもないように私には見受けられました。

それで、競争力会議のメンバー、ここにございますように、このメンバーの中で、そういう解雇される側の声を代弁する人が一人も含まれていないんですが、それは、さまざまな意見といいますが、さまざまじゃなくて、私からすると、非常に偏った、解雇したいという側の意見しか出ていないんです。

なぜ、一方的な人たちしか選んでいないのですか。安倍総理。これは選ばれたのは総理ですから、議長ですから。

安倍内閣総理大臣　リストをつくられたのは甘利大臣でございますから、甘利大臣からも説明をさせていただきたいと思いますが、そもそも、今、そのときの私の発言について山井委員から、この中に含まれていますかと。ですから、当然、それは含まれていないんですよ。

これは、私が言っていたこととイコール議員の皆さんの考え方だったら、そもそも、こんな会議をやる必要がないじゃないですか、私が全部決めればいいんですから。ではなくて、さまざまな知見を集めるんですよ。さまざまな知見を集めるからこそ、産業競争力会議には有識者が入ってきているわけなんですね。だからこそ、そこでさまざまな成果物が生まれてくるのであって、私が決めたこと、私の考えどおりであれば、そもそも、そういう人たちに話を聞く必要がないということは申し上げておきたいと思います。

そして、我々、それぞれの選挙区で選出をされているわけでありまして、そういう方々の支援で我々はここに立っているんですね。その中のほとんどは勤労者の皆さんですよ。そういう人たちの職を、生活を守っていくのは私たちの大きな使命なんですね。

ですから、そういう方々から、私たちは日常的にいろいろな、さまざまな意見を聞いております。それとは別に、アカデミックなアプローチにおいてどういう政策をやっていくかということが大切でしょうし、あるいはまた、産業政策を進めていく上において、経営者の観点から、当然、経営者は、利益を上げていくということと同時に、日本型の企業の場合は、基本的に従業員の生活を守っていくという観点からも企業を経営しているんだろう、我々はそう思っているわけでありますし、そういう経営者を私たちはこの会議においては選んでいるわけでございます。

しかし、その中において、先ほど申し上げましたように、スムーズな労働移動が行われていく上において、何をなすべきかということを考えていかなければならないという中で、我々は、さまざまな支援も行いながら、職を失うことがないように、いわば失業という状況になることがないように、スムーズな移転が行えるような、そういう、ある意味では新しい時代にふさわしい労働法制についても当然検討していくべきだろう、こう考えているところでございます。

山井委員　いや、私、よく理解できないのは、さまざまな意見とおっしゃいますが、さまざまじゃないんですよ。解雇しやすいようにという意見しか出ていないんですよ、この議事録を見ましても。

それで、今日一〇時から始まっております規制改革会議の雇用のワーキングチームの座長になられた方の資料を見てみましたら、これはホームページを見てもらったらわかりますが、独法の経済産業研究所のページに、きょう、今、座長で規制改革の雇用のワーキングチームを仕切っておられる座長の方のレポートが出ております。そのタイトルは、「解雇に金銭解決の導入を」と書いてあるんですね。

だから、皆さんが指名をされた、まさに規制改革の取りまとめの座長の方の意見が、「解雇に金銭解決の導入を」と書いてあるわけですよ。つまり、やはり安倍総理、こういう人選をされているということは、解雇の金銭解決ということをやろうとされているということじゃないんじゃないですか。

安倍内閣総理大臣　今、委員は、決まってもいないことなのに、決まったこととしてコンコンコンコンたたいているんですが、これは意味のない、空虚な議論なんですよ。砂上の楼閣をつくっているんですが、これは違いますよ。まだ決めていないんですから。

決めていない中において、かつ、今委員が指摘されているのは、産業競争力会議なんですよ。つまり、産業の競争力を高めていこうという観点から議論をしています。そこにおいては、議論がどんどんどんどん、いわばこれはとんがっていく場合もあるんですよ。グローバルな競争の中で日本の企業が生き残らなければ、雇用は確保できない。生き残る上においては、世界を俯瞰しながら、どういう規制をなくしていくべきか、どういう制度にしていくべきかという議論を自由闊達にまずやっていく必要があるんですよ。

その上において、最終的には私が判断しますよ。政治の場で判断をするんです。その段階において、これは経済界、産業界という見方だけで判断してはなりませんねという観点をそこで入れて、しっかりと最終的に判断をしていくわけであります。ですから、私たちの人選は間違っていなかった、私はこのように確信をしております。


山井委員　それは明らかにおかしいですよ。これは、労働力移動と簡単におっしゃいますが、この問題の主人公は、まさに移動する労働者本人なんじゃないんですか。その当事者をなぜ今入れていないのか。

それで、私、安倍総理が成長産業を育ててということをおっしゃるのはわかります。私もそう思う。だけどこれは順序が逆だと思うんですよ。

この議事録を見ると、新しい成長産業は何なのか、どこで雇用の受け皿をつくるのか、雇用をどうふやしていくのかという議論はまだ行われていないんです。それが十分に行われていない中で、まずメインは解雇規制の緩和になっているんですよ。成長産業をどうするかというよりも、まず切ることがメインに、この議事録ではなっているんです。それは順序が逆だと思われませんか。安倍総理、いかがですか。

安倍内閣総理大臣　全く、山井委員は、我々がやってもいない、あるいは目指してもいない方向性を私たちが目指しているんだといって議論をされようとしていますから、これは議論が基本的にかみ合わないんですよね。

そもそも、まず、産業競争力会議において、今、私たちは、このグローバルな経済の中で競争力を失っているんですから、この競争力を取り戻す必要はありますね。競争力を取り戻さなければ、産業自体が衰退をしていく、あるいは企業自体が退場させられて、結局、雇用を失ってしまうんですよ。生活の基盤が根底からなくなってしまうんですね。

だからこそ、それを、競争力を取り戻すという観点から、この場では議論していただいています。そもそも、解雇を自由化しようなんてことは全く考えていないということは、はっきりと申し上げておきたいと思いますよ。

その上において、労働行政についてはそれをしっかりと議論していく場もありますし、あるいはまた経済財政諮問会議において、これは決定する場でありますが、ここにおいて、それはいわば、今、山井さんがおっしゃったような観点から、さまざまな議論を加えていきますよ。

当然じゃないですか。それはこれからやっていく話であって、山井さんは何か、まるである種のイメージを張りつけようという努力をされていますが、これは全くそうではないということは、多くの国民の皆様には私はわかっていただけるのではないのかな、このように思います。

山井委員　私は議事録を見て、解雇規制緩和の発言が相次いでいるし、おまけに、今日始まったワーキングチームの座長の方も、解雇の金銭解決の導入をとおっしゃっている論客だから、こういうものから類推すれば、こういう人選からすれば、安倍総理は解雇の金銭解決というものを目指しておられるんじゃないかと考えたんです。

そうしたら、安倍総理にお聞きしますが、これは参議院選挙前だけじゃなくて、安倍政権においては、解雇の金銭解決というものをやるということは、可能性はないんですか。

安倍内閣総理大臣　私が総理大臣ですから、ここで答弁していることが安倍内閣の基本方針であります。

ですから、先ほど申し上げましたよね。まず、解雇を自由化しようなんていうことは考えていないということであります。（山井委員「いや、金銭解決を聞いているんです」と叫ぶ）金銭解決についても、そうではないということは先ほど申し上げたとおりであります。（山井委員「ええっ」と叫ぶ）ええっとかおっしゃったって、私は今そのとおり申し上げているんですよ。これが私の答弁であります。

山井委員　いや、私よくわからないのは、そうしたら、解雇の金銭解決を考えておられないということであれば、なぜ解雇の金銭解決を訴えておられる方々をこういうメンバーに選ばれて、おまけに、それに慎重な労働者側の方々を入れておられないんですか。そこが理解できないんです。ちょっと説明をしてください。

山本委員長　人選についてですから、まずは甘利担当大臣。

甘利明国務大臣（経済産業相）　経済をどうやって再生させようかという本部のもとに、産業競争力会議というものをつくったんですよ。産業の力を伸ばしていくためにどうするか、その一点で識者を選んだんです。私が選定をして、総理の了解をいただいてメンバーを構成いたしました。（発言する者あり）ちょっと長妻さん、いつもやじがうるさい。アキラという名前は大体、品のいい人につけるんですから。

それで、そういう趣旨でつくったわけですよ。だから、雇用政策は雇用政策で、別のところでちゃんとやるでしょう。競争力会議の場で、そういうメンバーを選んで、そして、その中で分科会をつくって幾つかのテーマに従って議論をした中で、民間の一部の方から出てきた話です。議事録をとっていらっしゃると言われていますから、最後に私が何をしゃべったかまで全部確認してくださいよ。山井さんのような誤解を受ける人がいると困るから、ここは解雇自由という話ではないということを、ちゃんと認識を持ってくれと言っていますよ、私は。よく全部読んでください。

山井委員　そこはマッチポンプなんですよ、民間議員に言わせておいて、自分たちが否定するという。安倍総理、そうしたらもう一回確認をしますが、安倍政権においては、解雇の金銭解決という規制緩和は行わないということでいいですね。

安倍内閣総理大臣　そもそも、今、この委員のメンバーについても山井さんと我々については認識の違いがあるんですが、産業競争力会議なんですから、つまり、日本の産業がしっかりと競争力を持って、世界の競争にも打ちかって、その中において、当然、雇用は守っていただかなければなりません。これは私たちの立場ですよ。

参加をしている人たちにとっては、産業競争力を得るために、どういう規制が緩和されなければいけない、あるいは、どういう法制を変えていかなければいけない、自分たちはどういう努力をやっていくべきだ、マクロ政策はこうするべきだという議論を闊達にしていただきます。これは闊達にしていただく必要があるんですよ、そういう会議においては。最初から条件を定めるべきではありませんし、最初に私の考え方を一々全てのことについて縛りをかけていくという方向で述べるべきではない、こう思っております。

そこで、これは三回目なんですが、いわば金銭によって解決をしていく、解雇をしていく、解雇を自由化していくという考え方はないということをはっきりと申し上げておきたい。もう三回も言っているんですから、これは間違いがないということでございます。

＊安倍総理、金銭解決をしない発言を修正

毎日新聞ＪＰは二〇一三年四月二日、「安倍首相：『金銭解雇しない』発言修正　『事後』は容認」という見出しをつけて、次のように配信した。

「安倍晋三首相は2日の衆院予算委員会で、政府の産業競争力会議で提起されている解雇の規制緩和について、解雇を無効とする判決が出た後の事後的な金銭解決のルール化は同会議の検討対象として容認する考えを示した。３月28日の同委では『解雇を自由化する考えはない。金銭によって解決していく考えはない』と答弁していた。

首相は『（判決で）解雇無効となった場合、事後的に金銭支払いにより労働契約解消を申し立てる制度は（金銭解雇に）含めていない』と指摘。28日の答弁で否定したのは『事前型』の金銭解雇だったと説明した。そのうえで、事後型については『産業競争力会議や規制改革会議で自由闊達（かったつ）に議論をしており、さまざまな視点を含めて検討していく』と説明。検討対象として残っていることを明らかにした。

解雇規制の緩和をめぐっては、規制改革会議、産業競争力会議で民間議員が、『日本の解雇は硬直的だ』などとして、金銭解決を労働契約法に盛り込むなどのルール化を提案している。ただ、政府・与党側には労働者側の反発を懸念して、夏の参院選前の抜本改革には慎重な意見もある」

第５章　米国「軍産協同体」が防衛省を食い物に
――米国の肩代わりをする「国防軍」の建設

＊米国の「軍産協同体」に組み込まれて従属を強いられる

米国のＴＰＰ推進母体「民間企業連合」に参加している航空機製造業が、日本の防衛省を牛耳り、食い物にしようとしている。具体的には、ロッキード・マーチン社とボーイング社である。その傘下に、約六〇〇〇社がぶら下がっている。

防衛産業は、軍需版の「公共事業」によって成り立っている。社会資本整備が公共事業によって進められているのと同様に、政府支出の国家予算によって、財源が確保されているからだ。

米国は、軍部である国防総省（ペンタゴン）の軍官僚と軍需産業とがピッタリ癒着した切っても切れない関係である「軍産協同体」、すなわち、軍部と政府（議会、行政）と軍需産業が形成する政治的・経済的・軍事的な連合体である。

アイゼンハワー大統領は一九六一年一月、退任演説のなかで、米国が軍産複合体を形成してきていることを指摘し、それが国家・社会に過剰な悪影響を与える危険性があると警告、とくに議会・政府の政治的・経済的・軍事的な政策決定に及ぼす弊害を引き起こす危険性について厳しく指弾したという。

この警告は、ズバリ当たり、米国はいまや、「大戦争なくしては生きて行けない国」になっている。

米国連邦政府は、極めて深刻な「財政難」に陥っていて、国防予算も大幅な削減を強いられているのだ。このため、軍人、文官に支払われる給料が、遅配状態にあるという。アフガニスタン空爆・イラク戦争が長期化して、軍費が嵩み、そのうえ、リーマン・ショック、欧州金融危機の悪影響により、税収減に襲われたのが、最大の原因である。

*オバマ大統領が「日本は、早く国防軍をつくれ」と要請

オバマ大統領は二〇一三年二月二二日、訪米中の安倍晋三首相との首脳会談のなかで、「日本は、早く国防軍をつくれ」と安倍晋三首相に強く要請した。

これに対して、安倍晋三首相は「次期参院議員選挙まで待って欲しい」と答えて、オバマ大統領の要請にすぐには応えられないことを伝えた。このため、オバマ大統領は、不機嫌になったという。オバマ大統領が安倍晋三首相に「冷淡だった」のは、このためであった。米国は、

財政難から「国防予算大幅削減」を迫られているが、日本に国防軍まで建設させないと、「世界の警察官」の役目を果たせないほど、財政難に陥り、国力が衰えているのであろうか？

米国国防省（ペンタゴン）は二〇一二年秋、日本に対して「米軍人の給料を肩代わりしてくれないか」と伝えてきた。まさか、いかに日米同盟関係にあるとはいえ、外国軍の軍人の給料を肩代わりするということは、平和憲法を持つ日本ではあり得ないことである。仮に、実現したとしたら、日本が米軍を事実上、「傭兵化」することになる。それも、法的には難しい。

財政ピンチの状況の下で、オバマ大統領は、在日本駐留米軍の維持さえ困難になってきている。要するに、少なくとも日米安全保障条約に基づいて、日本を守る義務を果たせなくなっているということだ。

そこでオバマ大統領は、安倍晋三首相に対して「日本は早急に憲法を改正して、国防軍を建設するように」と要請した。米国にとって切実な要請だったとも言える。これに安倍晋三首相が、「色よい返事」を即答しなかったのである。当然、オバマ大統領は、失望して冷淡になったという。

しかし、日本国憲法を改正するのは、生易しいことではない。オバマ大統領は、弁護士ではあっても、日本国憲法下の日本国民の国民性まで理解しているとは限らない。憲法改正を何回も行ってきた米国連邦憲法と同じような感覚でいるのかも知れない。

日本国憲法は、改正がしにくい「硬性憲法」と言われ、改正するには、第九六条の規定に従い、衆参両院の各議院の三分の二以上の賛成により発議して、国民投票により、有効投票総数の過半数が賛成しなければ、改正することはできない。

だから、まず、七月二一日予定の参院議員選挙で、憲法改正に賛成する勢力を確保しなければ、「発議」さえできない。

安倍晋三首相は、この手続きに則り、「次の参院議員選挙まで待って欲しい」とオバマ大統領に理解を求めようとしたのだが、納得を得られなかったようである。オバマ大統領は「参院議員選挙結果を待たずに、すぐにでも改正手続きに入れ」と要求したのであろう。

しかし、安倍晋三首相は、「国民有権者の過半数が必ず憲法改正に賛成してくれる」という確信を得ていなければ、とても改正手続きには入れない。

ここのところが、オバマ大統領には、なかなか理解、納得できない点であったのであろう。

いずれにしても、大東亜戦争に敗北して武装解除され、戦争を永久放棄したはずの日本は、戦後六八年を経て、日本国憲法の誓いを米国の要請で破らざるを得ない状況に立たされていることは、紛れもない事実である。

＊「米軍の肩代わりをする国防軍」の建設

同盟国である米国が、もはや日本を守れなくなってきているとすれば、日本国民は、自らの手で国を守ることを真剣に考えなくてはならない。非武装中立が「空想」であり、現実的に無理であるならば、なおさらである。

しかし、オバマ大統領は、日本国民が自国を守るための「国防軍」であることに止まらず、「米軍の肩代わりをする国防軍の建設」を要請しているという。最終的には、「日米同盟」の中核になることまで、期待しているというから、日本国民は、しっかりと腹を決めてかからなくてはならない。

安倍晋三首相が「国防軍」創設に成功すれば、「軍法会議」「憲兵隊」「スパイ罪」「執行警察」が復活し蘇る。

日本国憲法が改正されて、「国防軍＝皇軍」が創設されると、大日本帝国陸海軍時代の「軍法会議」と「憲兵隊」が復活し、「スパイ罪」を規定した法律も制定される。警察では、思想犯を取り締まる「特別高等警察」（特高警察）が蘇る。

安倍晋三首相が政治生命を賭けて実現し、成功させようとしている自民党憲法改正草案「第九条」が、はっきりとそのことを想定しているのである。

戦後生まれの私たちの世代以降には、「憲兵隊」「特高警察」と言われても、その恐ろしさを知らないので、自民党憲法改正草案「第九条」を読んでも、何も実感できず、ただも字面をさらりと、読み流してしまうだろう。

だが、「本当なのか」と疑い深い人は、短い条文なので、自民党の憲法改正草案を眼光紙背に徹して、じっくりと読んでいただきたい。

第二章　安全保障

（平和主義）

第九条　日本国民は、正義と秩序を基調とする国際平和を誠実に希求し、国権の発動としての戦争を放棄し、武力による威嚇及び武力の行使は、国際紛争を解決する手段としては用いない。

２　前項の規定は、自衛権の発動を妨げるものではない。

（国防軍）

第九条の二　我が国の平和と独立並びに国及び国民の安全を確保するため、内閣総理大臣を最高指揮官とする国防軍を保持する。

２　国防軍は、前項の規定による任務を遂行する際は、法律の定めるところにより、国会の承認その他の統制に服する。

３　国防軍は、第一項に規定する任務を遂行するための活動のほか、法律の定めるところにより、国際社会の平和と安全を確保するために国際的に協調して行われる活動及び公の秩序を維持し、又は国民の生命若しくは自由を守るための活動を行うことができる。

４　前二項に定めるもののほか、国防軍の組織、統制及び機密の保持に関する事項は、法律で定める。

５　国防軍に属する軍人その他の公務員がその職務の実施に伴う罪又は国防軍の機密に関す

る罪を犯した場合の裁判を行うため、法律の定めるところにより、国防軍に審判所を置く。

　この場合においては、被告人が裁判所へ上訴する権利は、保障されなければならない。

（領土等の保全等）

第九条の三　国は、主権と独立を守るため、国民と協力して、領土、領海及び領空を保全し、
　その資源を確保しなければならない。


　この条文のなかで、注目しなくてはならないのは、「第九条の二」の「５　国防軍に属する軍人その他の公務員がその職務の実施に伴う罪又は国防軍の機密に関する罪を犯した場合の裁判を行うため、法律の定めるところにより、国防軍に審判所を置く。この場合においては、被告人が裁判所へ上訴する権利は、保障されなければならない」である。

「職務の実施に伴う罪」とは、「軍律違反罪」、「国防軍の機密に関する罪」は、「軍事機密漏洩罪」を意味している。部外者や外国人スパイが軍事機密を盗んだ場合は、「スパイ罪」が適用され、最高刑は死刑、すなわち、銃殺刑に処せられる。クーデターなどにより国家転覆罪に問われて死刑判決を受けた場合は、「名誉ある銃殺刑」に処せられる。

「国防軍に審判所を置く」とは、日本帝国陸海軍時代の「軍法会議」のことであり、軍隊内の警察である「憲兵隊」（いまの自衛隊では「警務隊」という）を復活させて、取り締まりを強化、徹底することを意味している。

＊オバマ大統領が「予算強制削減計画書」にサイン

米国オバマ大統領は二〇一三年三月一日、連邦政府の予算強制削減計画書にサインし、国防予算を中心に日本円で八兆円近い予算の強制削減が始まった。与党民主党が「富裕層への増税」を提案していたのに対して、野党共和党が反対したため話し合いが決裂した。この結果、オバマ大統領は、安倍晋三首相に「日本国憲法改正」による「国軍（国防軍）の建設」を急ぐよう、これまで以上に圧力をかけて来るものと思われる。

なぜ、そうなるのか？　米国国防総務省（ペンタゴン）は、文官八〇万人と軍人一五〇万人（陸軍、海軍、空軍、海兵隊、コーストガードの五軍）を抱え、予算五八三〇億ドル（一ドル＝八〇円換算で四六兆円、軍費ＧＤＰ四・〇四％）で賄っている。しかし、このところ「財政の壁」というピンチに立たされて、給料の遅配が生じている。強制削減の事態により、文官八〇万人の給料を週につき三日分に減らし、一時自宅待機させる措置を取る。制服組の軍人については、やはり遅配状態にあるものの、世界各国に配置している駐留米軍は、それぞれの国々の政府が、給料の一部を負担しているという。

とくに同盟国に駐留している米軍の軍人の給料は、相手国が負担する義務が課せられているという。それは、駐留米軍が同盟国軍の下で動くからだ。ペンタゴンは、日米安保条約による同盟国である日本政府にも給料を負担させようとしている。

だが、自衛隊は「正式な軍隊」ではないので、「同盟国軍」とは言えないことから、日本に駐留する米軍軍人の給料を負担させることができない。そこで、「憲法改正」により「国軍」にすることを求めているのだという。国軍というのは、戦争を想定した軍隊であるため、その軍隊が同盟国である米軍の軍隊と共同で作戦をとるということになると、駐留米軍の予算も日本政府が負担することになる。

たとえば、駐留米軍が日本国軍に編入し、日本軍の指揮の下で動かされるという形を取って、駐留米軍の給料を負担させせようと考えているのだ。現在の防衛予算の一〇倍の確保は必要と見込まれ、そのうちの半分近くが駐留米軍に支払われる計算になるという。

安倍晋三首相はオバマ大統領との首脳会談で、日本国憲法の改正により「国軍の建設」を急ぐよう強く要請されたことは、言い換えれば、これは、日本政府が、駐留米軍軍人の給料を早く負担できるようにせよという切実な要請であった。

しかし、米国の経済的衰退、財政のピンチは、世界の警察官として各地に展開中の米軍が急速に「落ちぶれる」ことを意味することから、「日本の独立維持」のためにも、日本国民は、いつまでも米軍に甘えてばかりではいられないという認識を求められているうえに、重大な決意を迫られている。

＊新たな「中国封じ込め」戦略の尖兵に

米国オバマ大統領と米ＣＩＡ対日工作者の中心人物であるリチャード・アーミテージ元国務

副長官らはいま、日本の軍事体制について根本的改造に着手しているという。日本を堂々と戦争ができる国に改造しようとしており、とくに新たな「中国封じ込め」戦略の尖兵にするという。安倍晋三首相の下で、「強い日本造り」が急ピッチで進行中だ。

オバマ大統領と米ＣＩＡ対日工作者らは、「日本改造」のスケジュールを以下のように描いている。

まず、二〇一三年七月二一日の参院議員選挙で自民党の大勝を大いに期待していた。自民・公明連立与党は、衆院で三分の二以上の勢力を確保しているので、次は、参院で三分の二以上を得れば、日本国憲法九六条「改正条項」の「発議の条件」をクリアできる。その上で、国民に発議して、国民投票で投票総数の過半数確保に全力を上げさせる。

安倍晋三内閣の支持率が上昇して「七〇％以上」を示しているので、この勢いが続いている間に国民投票にかけて、「改正」を実現する。

中国人民解放軍海軍の艦船が海上自衛隊の護衛艦に向けて、射撃の前提となる「レーダー照射」をして、攻撃姿勢を示したことから、日本国民は「日中戦争」が、決して絵空事ではなく、現実に起こり得るという脅威を感じるようになった。

それればかりか、北朝鮮が「地下核実験」を強行したことから、日本が核攻撃の対象になっているのではないかと、危機感を募らせている。アルジェリアでは、天然ガス関連施設で、日揮の首脳陣や社員、派遣社員ら一〇人が武装グループに殺害された事件で、日本からは自衛隊などが救出に行けない現実を思い知らされた。

これらの事件が連発して起きていることから、安倍晋三首相が提唱しているように「憲法を改正して国防軍を持たなくては強い日本にはなれない」という思いを国民の多くが共有してきている。

オバマ大統領や米ＣＩＡ対日工作者らが、日本に憲法改正による国防軍建設を追っているのは、ひとえに、米国自身が「世界の警察官」として強い力を発揮できなくなっているからにほならない。

第一に米国連邦政府は弱くなり、国防予算も大幅削減している。第二に、このため、太平洋から東アジア、ＡＳＥＡＮ諸国にかけて軍事的プレゼンスを維持できない状況に陥っている。第三に、この状況では中国人民解放軍海軍や空軍の太平洋への進出、勢力拡大を許してしまい、放置しておくと取り返しがつかなくなる。

これらの理由などにより、オバマ大統領や米ＣＩＡ対日工作者らは、日本の国防軍を身代わりに使って、事実上、米国に代わって、中国といつでも戦争ができるようにしたいのである。

かくして、日本は大東亜戦争に敗北した後、武装解除されてしまってから七〇年近くを経て、大日本帝国陸海軍（航空隊を含む）の再建をようやく果たすことになるのだ。

その次の課題は、国民皆兵・徴兵制度を正式に復活することに移る。

＊米国の「軍産協同体」は新しい戦場を探している

米国の「軍産協同体」は、生き残りを賭けて、諸外国に兵器を売り込むのに必死だ。しかし、兵器は、売りっぱなしでは収まらない。大戦争により、消耗してもらわなくては困る。朝鮮戦争、ベトナム戦争、イラン・イラク戦争、湾岸戦争、アフガニスタン空爆・イラク戦争と、一〇年ごとに大戦争を行ってきた。新しく製造した武器・弾薬も一〇年経ては古くなるので、大戦争により「在庫一掃」しなくてはならないのである。

だから、いつも新しい戦場、しかも核戦争となる戦場を探しているのだ。いま新たな核戦場として、想定されているのは、次の四ヵ所である。

①イスラエルvsイラン
②パキスタンvsインド
③インドvs中国
④朝鮮半島

大戦争は、国家と国家、民族と民族の確執だけで起こるのではない。大戦争をワザと起こす勢力が存在しているのだ。大戦争によって、大儲けしようとする「死の商人」がいる。だが、それは個々の「死の商人」だけで「大戦争」を引き起こせるものではない。

＊上得意先が日本の防衛省

米国の「軍産協同体」は、兵器を各国に売って成り立っている。その上得意先の一つが、日本の防衛省なのだ。

だが、米国「軍産協同体」から見ると、防衛省は、「非関税障壁」の塊に映っている。その最大の「非関税障壁」が、「日本国憲法第九条」である。陸海空三自衛隊は、正式な軍隊ではないので、米国軍需産業が売り込む兵器には、限界がある。たとえば、航続距離の長い戦闘機や爆撃機は、「専守防衛」政策が立ちはだかって、買ってもらえない。

また、日本は「武器輸出禁止三原則」により、兵器を海外輸出することが制限されてきたため、米国軍需産業と共同開発した兵器を米国以外の諸国に輸出することも禁止されてきた。

このため、米国政府は、「憲法第九条改正」により、「国軍」を創設し、「武器輸出三原則」の緩和・撤廃を要求し続けてきた。そこに、ＴＰＰ参加問題が加わってきたのを奇貨として、オバマ大統領は、ＴＰＰ推進母体「民間企業連合」に参加している航空機製造業、ひいては、「軍産協同体」からの強い要請を受けて，安倍晋三首相にＴＰＰ参加を求めたのである。

これは、中国共産党一党独裁の北京政府が、人民解放軍（七軍区三艦隊）の圧力をバックに、「海洋戦略」の下で、「太平洋の覇権」を築こうと、軍拡を進めていることに危機感を抱いているオバマ政権にとって、絶好のチャンスでもあった。

環太平洋諸国を一つに束ねて、経済協力連携を強めるととも、安全保障体制を強化するのに役立つからである。「経済＝安保」を連結して、一体化させることにより、米国の「太平洋覇権」を再構築でき、この結果、中国に対しては、「太平洋への進出」を阻止し、しっかりと「包囲網」も敷くことが可能となる。つまり、「ＴＰＰ＝太平洋覇権」という世界戦略的な意味を持っているのだ。

これを日本側から見ると、日本は、「経済＝安保」一体化により、特に米国の「軍産協同体」に組み込まれて、米国の支配下で服従、従属しなくてはならない文字通り「植民地」であり続けることを強いられる。中国との関係も、米国政府の意向を無視して、独自で自由に友好関係を築くことは、できないのである。

＊日本政府は「アーミテージ・レポート」の言いなり

ブッシュ大統領は、二〇〇〇（平成一二）年秋に行われた大統領選挙の最終盤でスタッフに、政権に就いた際に実行する政策の参考として、レポートをいくつか発表させている。

その一つが国務副長官に就任したリチャード・アーミテージが中心となり、アメリカと日本のパートナーシップに関心を持つ超党派研究グループがまとめた、いわゆる「アーミテージ・レポート」（二〇〇〇年一〇月一一日付）である。

このレポートは冒頭、公表する狙いについて、こう説明している。

「われわれが重要と考える米日のアジアとの関係に首尾一貫性と、長期・計画的な方向性を注入することに尽きる」

日本との同盟関係をどう築いていくかという課題に対して、専門家たちが長期的展望に立ち、建設的な政策をまとめようという意欲が随所にうかがわれるレポートである。日米関係を堅固なものにして、世界第二位の経済大国である日本の協力を得て、軍資金を確保しながら、外交・軍事政策を展開していこうという思惑もにじみ出ている。

このレポートを一読して、ドキリとさせられるのが、次のくだりである。

「ヨーロッパでは、少なくとも今後二〇～三〇年間は大戦争は考えられない。しかし、アジアでは紛争の見通しは遠のいていない。この地域は次のような特色がある。世界最大、かつ最新装備のいくつかが存在すること、核武装した複数の大国、その能力を持つ国々が存在することだ。米国を大規模な紛争に巻き込む敵対関係は、朝鮮半島と台湾海峡にいつ何時でも起こり得る。インド・アジア大陸もまた、主要な発火点であり、どちらも核戦争にエスカレートする可能性を秘めている。アジア第四の大きな国であるインドネシアで混乱が絶えないことも、東南アジアの安定を脅かしている。米国は地域の国々とは二国間安保の一連のつながりで結ばれており、それが地域の事実上の安全構造になっている。将来、大いに有望だが、危険を内蔵するこの地域において、米国の二国間関係は今までに増して重要である」

要するに、ヨーロッパでは、当分の間、戦争が起こる気配はないが、アジアではその可能性があり、その戦場まで明確に指摘しているのである。このなかで、「インド・アジア大陸もまた、主要な発火点であり、どちらも核戦争にエスカレートする可能性を秘めている」という記述は、ズバリ当たったという感がある。

ニューヨークとペンタゴンへの同時多発テロをきっかけとして始まった、アフガニスタン空爆へのシナリオの伏線になっていたと受け取れるからである。

インドとパキスタン間では、カシミール地方の帰属をめぐって戦いが続いており、両国が核実験を行って威嚇し合い、そのいがみ合いはエスカレートするばかりであった。この流れが最悪の事態に至れば、核戦争の危険が十分に予測されてもおかしくはなかった。

だが、これだけではなく、このレポートが「インド・パキスタン」ではなく、「インド・アジア大陸」と記述している点は意味深い。パキスタンに隣接するアフガニスタンと、その北部で接する中央アジアまで視野に入れて、戦争を意識していたとすれば、恐るべきレポートといえるだろう。

＊日本に求められるパワー・シェアリング

アーミテージ・レポートでは、ブッシュ政権が樹立された後の戦争を念頭に、「日本との連携・協力関係」を密にしておく必要性を強調している。そうした意識が鮮明かつ露骨に滲み出ているのが、「安全保障」の項目の次の記述である。

「日本による集団的自衛の禁止は米日間同盟協力にとって束縛となっている。この禁止を取り払えば、もっと緊密でもっと有効な安保同盟となるであろう。ただしその決定は、日本国民だけにできることである。米国は日本の安全保障政策を特徴づけている内政上の諸決定を尊重してきたし、今後も対等なパートナーになるのを歓迎することを明確にしておくべきである」

早い話が、アジアで予想される戦争が、四つの地域のどこで起きても対応できるように、日米が共同作戦をとれるように準備しておくべきだという意味である。とくに日本側の体制の整備を求める内容になっている。

「米国と英国のような特別な関係は米日同盟のモデルだとわれわれは思う。それには以下の要素が求められている。互いの防衛責任の確認。米国は日本、および尖閣列島を含む日本の行政管轄下である地域の防衛責任を再確認。新・ガイドラインの誠実な履行。有事法制の国会通過を含む。米三軍と陸・海・空自衛隊の密接な協力、施設の共用、訓練の統合を推進し、一九八一年に両軍が合意した役割と任務（レーガン・鈴木善幸共同声明に際し初めて登場した同盟関係と一千カイリ防衛）を見直し、更新せねばならない。また古いパターンを脱し、リアルな訓練がやれるよう投資せねばならない。

さらに、新しい難題に対して支援し合い、平和維持や平和創出活動で協力する方法を定めねばならない。新しい難題とは、国際テロや国境を越えた犯罪、長期にわたる潜在的脅威のことである。

平和維持活動や人命救難任務への完全な参加。そのためには日本は、こうした活動への参加に関して一九九二年に設けた制約（ＰＫＦの危険な本隊業務への参加凍結）を取り払わなければならない。他の参加国に負担をかけてはならないからである」

アーミテージ・レポートを受けて、日本では、自民党国防部会が、「集団的自衛権の行使」問題からさらに「防衛庁の国防省への昇格」や「憲法改正」問題まで踏み込んで検討を積み重ね、自民党としての提言をまとめていた。

湾岸戦争から一〇年、日本はアメリカの要請を受けて、テロ対策特別措置法を制定し、ついに海上自衛隊を派遣して、米軍を後方支援するところまで進んできた。時代のテンポの早さを痛感せざるを得ない。

アメリカは、海上自衛隊のイージス艦出動を日本政府に期待したが、実現しなかったことで失望しているものの、日本にＰＫＦ参加を踏み出させ、ロッキード・マーチン社製の新型戦闘機を中谷元防衛庁長官に売り込み、ＮＭＤ計画のために膨大な資金を提供させ、そのうえアフガニスタン復興の最大のスポンサーを日本に任じさせようとしている。

＊「国防予算の対GDP比では世界一三四位」を指摘される

第二回アーミテージ・レポート（二〇〇七年二月一六日付け、リチャード・アーミテージ、ジョセフ・ナイが執筆）は、「米日同盟二〇二〇年に向けアジアを正しく方向付ける」（二〇二〇年に向けた課題）というタイトルがついている。「日本への勧告」として、以下のように記述している。

「日本は、国内的な性質を持つ多くの個別的な決定に直面するだろう。日本がいかに、きちんと行動し、憲法問題を解決し、その資産を活用する道を選ぶかについてのきわめて具体的な決定は、日本自らが下さなければならない決定ではあるが、米日パートナーシップに大きな期待を抱く同盟パートナーとして、米国は日本がこのような諸問題にどのように取り組むかに強い関心を抱いている。われわれは、この精神から、客観的な観察者が日本の国内的決定事項だと正しく認めていることについて、日本への勧告を提案するものである。

1．日本は、もっとも効果的な意思決定を可能にするように、国家安全保障の制度と官僚機構をひきつづき強化すべきである。現代の挑戦が日本に求めているのは、外交・安全保障政策を、とりわけ危機の時期にあたって、国内調整と機密情報・情報の安全性を維持しながら、迅速、機敏かつ柔軟に運営する能力を持つことである。

2. 憲法について現在日本でおこなわれている議論は、地域および地球規模の安全保障問題への日本の関心の増大を反映するものであり、心強い動きである。この議論は、われわれの統合された能力を制限する、同盟協力にたいする現存の制約を認識している。この議論の結果が純粋に日本国民によって解決されるべき問題であることを、われわれは二〇〇〇年当時と同様に認識しているが、米国は、われわれの共有する安全保障利益が影響を受けるかもしれない分野でより大きな自由をもった同盟パートナーを歓迎するだろう。

3. 一定の条件下で日本軍の海外配備の道を開く法律（それぞれの場合に特別措置法が必要とされる現行制度とは反対に）について現在進められている討論も、励まされる動きである。米国は、情勢がそれを必要とする場合に、短い予告期間で部隊を配備できる、より大きな柔軟性をもった安全保障パートナーの存在を願っている。

4. CIAが公表した数字によると、日本は、国防支出総額で世界の上位五位にランクされているが、国防予算の対GDP比では世界一三四位である。われわれは、日本の国防支出の正しい額について特定の見解を持っていないが、日本の防衛省と自衛隊が現代化と改革を追求するにあたって十分な資源を与えられることがきわめて重要だと考えている。日本の財政状況を考えれば資源が限られているのは確かだが、日本の増大しつつある地域的・地球的な責任は、新しい能力およびそれに与えられるべき支援を必要としている。

5．自ら課した制約をめぐる日本での議論は、国連安保理常任理事国入りへの日本の願望と表裏一体である。常任理事国となれば、日本は、時には武力行使を含む決定を他国に順守させる責任を持った意思決定機関に加わることになる。ありうる対応のすべての分野に貢献することなく意思決定に参加するというその不平等性は、日本が常任理事国となろうとする際に対処すべき問題である。米国は、ひきつづき積極的にこの目標を支援すべきである。

米日同盟への勧告――二〇〇〇年のわれわれの報告以降の著しい進展にもかかわらず、（米日）二国間関係における投資と取り組みは、経済・安全保障環境の引き続く変化に対処するよう、強化されなければならない。付属文書の序文で記した通り、われわれは、この報告の本文に含める勧告の性格の一貫性を保つことを追求した。そのため、われわれは、多くの場合、戦術的で、具体的で、難解な、軍事および安全保障分野での勧告を明らかにする付属文書をつくった。以下は、より広範囲の勧告である。

1．米国と日本は、一連の具体的な取り組み（付属文書参照）を通じ、軍事・安全保障分野における協力を引き続き強化しなければならない。

2．地球的規模の米日同盟は、引き続き、一貫した積極的な力である。核攻撃から日本を守るとの米国の誓約を含むわれわれの安全保障上の誓約のもっとも根本的な側面が、両国の最高位の政府当局者によって繰り返し言明され、強調されなければならない。

3．米国と日本は、包括的な自由貿易協定交渉を開始する意思があることを宣言すべきである。

貿易促進権限法の期限切れ問題が未解決のため、近い将来にＦＴＡ（自由貿易協定）を締結することはなさそうだが、米国と日本の指導者は引き続きこの目標を視野に置くべきである。ドーハ基準に一致する合意は、米国と日本に直接の経済的利益をもたらすだろうし、アジア・太平洋地域社会のすべてのメンバーにもたらす政治的・戦略的利益はそれ以上に大きいだろう」

＊ＴＰＰへの日本の参加を求める

第三回アーミテージ・レポート（二〇一二年八月一五日）は、以下のように記述していた。

①中国や北朝鮮の脅威の高まりを直視し、日米同盟の危機を克服するために日本の奮起を促した。

②アジア太平洋の安定に不可欠な同盟が日本の混迷により「危機に瀕している」との厳しい指摘をした。

③現実に北方領土、尖閣諸島、竹島などで日本の弱さにつけ込む動きが急増している。日本が自らの潜在力をフルに発揮し、「より強固で対等な同盟」を目指すよう改めて求めている。

④日本の平和と安全を確保するためにも、野田佳彦政権は報告を真剣に受け止め、同盟の強化充実に全力を注いでもらいたい。

⑤日本の政権交代後の同盟が重大な岐路に立たされ、一九九〇年代を想起させる「漂流」や「危機」を訴え、民主党政権下で同盟の空洞化が進み、抑止の実効性が失われてきたことを指す。中国の急速な軍拡とその意図について前回、前々回の報告にはなかった強い警戒感を示したことも特徴的だ。
⑥具体的提言として、報告は「集団的自衛権の行使容認」という従来の宿題に加え、中国の海洋進出に対抗するための日米相互運用・共同対処能力の向上、南シナ海での共同監視活動などを挙げた。
⑦エネルギー安全保障では日本の原発再稼働と安全性の向上を推奨し、通商面では環太平洋戦略的経済連携協定（ＴＰＰ）への日本の参加を求めた。日韓の歴史問題では、日米韓の再結束のために米政府が積極的な外交努力を果たすよう提言している。
⑧日本が世界の一流国の責務を認識して一層の同盟強化へ向かうのか、それとも二流国への転落に甘んじるかの「決断を下すときだ」と問いかけている。

＊日本の国防予算は、一〇倍の四〇兆円増額

安倍晋三首相は、現行の日本国憲法を改正して、国防軍（兵力一〇〇万人以上）創設の祖になろうとしている。

大日本帝国の陸軍を創設した、江戸幕末の長州藩士・大村益次郎（村田蔵六）は、医師、西

洋学者、兵学者、維新の十傑の一人に数えられている。長州征討と戊辰戦争で長州藩兵を指揮し、勝利の立役者となり、明治維新後、太政官制において軍務を統括した兵部省における初代の大輔（次官）を務め、事実上の日本陸軍の創始者、すなわち、陸軍建設の祖となった。東京都千代田区九段の「靖国神社」に大きな銅像となって、その雄姿を留めている。

大東亜戦争敗北により、大日本帝国陸海軍は、武装解除されて、消滅した。ところが、あれから六八年（明治維新から一四五年）を経て、再び、長州人（山口県人）によって、「国防軍」を「建軍」しそうになってきている。

今度は、安倍晋三首相が、日本国憲法を大改正して、「第九条」が規定している「戦争の放棄・戦力及び交戦権の否定」を破棄して、レッキとした正規軍である「国防軍」を創設しようとしているのである。これが実現すれば、大村益次郎と並んで、「国防軍創設の祖」として安倍晋三首相の銅像が建てられるのは、確実である。

兵力は、中国共産党人民解放軍三四四万人、米軍一四四万人（予備役一四五万人）、朝鮮人民軍一九〇万人（予備役九七万人）、韓国軍六五万人、自衛隊二四万人（予備自衛官四万七〇〇〇人）だ。

日本が正規軍である「国防軍」を創設した場合、常備軍の兵力は少なくとも一〇〇万人にしなければ、国連正規軍として世界に派兵はできない。日本には、いわゆる「ネット右翼」を名乗る勇ましい若者たちが、たくさんいるので、人材には困らない。

当然、新憲法には、「兵役の義務（男女平等）」を規定し、国民皆兵、徴兵制度を完備して、学校には、「配属将校」を配置して、軍事教練を課さなくてはならない。志願兵だけでは、足りないのである。国防予算も、いまの防衛予算四兆円そこそこでは、とても足りない。米国ＣＩＡ対日工作者であるハーバード大学のジョセフ・ナイ教授、リチャード・アーミテージ元米国務副長官が共同執筆して日本に勧告している「リチャード・アーミテージ・レポート」が示しているように、日本の国防予算は、世界各国のＧＤＰ比で一三四位であり、一〇倍の四〇兆円くらいに増額する必要がある。財源は、言うまでもなく、消費税となる。

＊米国は日本をサウジアラビア化し、軍産協同体制を守ろうとしている

米国オバマ政権が、日本をサウジアラビア化しようとしている。ＯＰＥＣ（産油国）の雄であるサウジアラビアは、米国に石油を売ってドルで代金を受け取る。一方、石油を買った米国は、サウジアラビアに戦闘機、軍艦などや武器弾薬を売って、ドルで代金を受け取るのである。

これによって、米国の軍産協同体を維持することができる。ところが、近年では、サウジアラビアなどの産油国は、石油が枯渇することを前提に、産油国からクリーンエネルギーへの切り替えを想定して、石油の輸出に重点を置かなくなってきている。

そうなると、米国は将来、サウジアラビアに武器弾薬を売って、軍産協同体を維持できなくなると憂慮し、将来に渡って、武器弾薬を安定的に売りつけることのできる国を確保しなくて

はならない。このターゲットとして狙いを定めたのが日本である。

米国は、ＦＸ、すなわち次期戦闘機としてＦ３５（ロッキードマーチン社製、一機一〇〇億円以上）を開発し、日本に売りつけることに成功している。

加えて、新型輸送機「オスプレイ」一二機を沖縄県米軍普天間飛行場に配備（二〇一二年一〇月）すべく、とりあえず米軍岩国基地に陸上げした。また二〇一三年八月に一二機を追加配備、計二十四機が配備されている。米国は、これを日本に売りつける腹づもりである。「未亡人製造機」と悪評の高い「オスプレイ」なので、日本がスンナリと購入するかは不確定だが、「オスプレイ」の安定性をＰＲし、日本に同型機を売りつけることを計画している。

防衛省は、オスプレイを早ければ二〇一五年度から陸上自衛隊に導入するため二〇一四年度予算概算要求に調査・準備費約一億円を求める。

さらに米国は、偵察機「高高度滞空型無人偵察機グローバルホーク」（一機約三〇〇億円）を日本に売りつけようとしているという。防衛省は無人偵察機についても二〇一五年度導入に向け、約二億円の調査費を要求する。

＊日本は、米国の財政を間接的に助けている

安倍晋三首相は二〇一三年五月一日、ロシア訪問に続いて、サウジアラビアを訪問、「カネばら撒き外交」を続けた。何と言っても日本は「黄金の国ジパング」だ。「潤沢な金塊」を武

器に、強気の外交を展開している。

サウジアラビアは、「石油はあるが、カネがない。オケラだ」と言われているだけに、カバンにたっぷり現金を詰め込んだ「セールスマン」さながらの安倍晋三首相の訪問を大歓迎だ。

サウジアラビアが気の毒なのは、米国に石油を売っても、代金のドルは、有無を言わせず、米国の銀行に預けさせられて、厳重に管理されて、自由に出し入れすることもできず、監視されているという。

それだけならまだしも、米国から支払われた石油代金で、武器を買わされ続けている。最近でも、米国は「イスラエル、サウジアラビア、ドバイ」の三国に、それぞれ何億ドルもの巨額の武器を買わせる契約を結ばせているという。

米国は、軍産協同体を維持し、国防総省の軍人・文官と軍需産業の従業員と家族を食わせるため、一〇年に一度の大戦争と武器・弾薬の大量消耗をしなければ、成り立たなくなっている。

この犠牲にされている国の一つが、サウジアラビアであり、この国の財政は、いつも「オケラ」状態だという。だから「石油はあっても現金がない」ということになる。

米国は、サウジアラビアに米軍を駐留させて、「サウジアラビアを守ってやる」と言いながら、本当は、サウジアラビア軍の軍事行動を厳重に監視している。それは、サウジアラビア軍が、勝手にイスラエルに攻撃しては困るからである。そして、防衛を口実に武器を買わせ続けてきたのである。

もちろん、サウジアラビアは、国内で過激派が「王制打倒」を叫んで反体制運動を起こすことを極度に警戒しており、いざというときのために駐留米軍を頼りにしている。アフガニスタンに義勇戦士として駆けつけたオサマ・ビンラディンが、ソ連軍撤退の後に帰国して、「反政府運動」に乗り出して、王制を揺るがした記憶が、未だに残っているからである。

サウジアラビアにとって最大の収入源である石油も、いまや「枯渇」が迫ってきているので、次のエネルギー源について真剣に取り組まなければならなくなってきている。米国は、石油代金でいつまでも非生産的な武器を買わせ続けることの限界を感じ、いまは「太陽光発電システム」を買わせることに懸命になっている。

しかし、発電量の規模では、原子力発電に劣ることから、サウジアラビアは日本の原発導入に目をつけている。これに素早く呼応したのが、安倍晋三首相だった。最新鋭の原発を売り込もうとしたのである。サウジアラビアは、広大な国土を有しており、原発で発電する電気を周辺諸国に売って、財政を支えることもできる。

一方、日本は、当面必要な石油をサウジアラビアからも輸入、確保できる。いまは、アベノミクス政策により、急激なドル高=円安が続き、輸入している石油代金も高くなっているので、何とか安価で安定輸入したい。もちろん、日本としては、サウジアラビアに経済援助することも考えているから、サウジアラビアにとっては、有難い。

考えてみれば、米国に武器を買わされて「オケラ」になっているサウジアラビアの財政の窮状を救うのが、日本の金塊ということになる。これがめぐりめぐって、米国の財政を間接的に助けているという構図になっている。

その米国は、最新鋭大型輸送機「オスプレイ」二四機を沖縄米軍基地に配置しようとしている。

しかし、米軍に詳しい専門家筋の情報によると、この「オスプレイ」二四機は、神奈川県横須賀の米軍基地に配備されるばかりでなく、米軍横田基地にも次々に追加配備されて近い将来、日本に売却されるのだという。何のことはない、体のいい「押し売り」である。

東京新聞が二〇一三年五月一日付け夕刊に「首相サウジ訪問　原発輸出　協議開始へ」という見出しをつけて、以下のように報じた。

「サウジアラビア入りした安倍晋三首相は四月三十日深夜（日本時間一日未明）、ジッダでサルマン皇太子と会談した。首相は原発輸出を可能にする原子力協定の締結を提案。皇太子は前向きに応じ、事務レベルでの協議入りで一致した。原子力協定は、今回の歴訪でトルコ、アラブ首長国連邦（ＵＡＥ）の両国とそれぞれ調印する予定。国内では原発再稼働、海外では原発輸出を進める安倍政権の姿勢がより鮮明になった。同協定は、原子力関連技術や核物質などの移転に関する二国間条約。サウジアラビアは二〇三〇年までに十六基の原発をつくる計画があり、首相は『東京電力福島第一原発事故後、原発の安全性を高めている』と強調した。両首脳は、両国の外務・防衛当局による新たな安全保障対話を始めることでも合意。自衛隊とサウジ軍の防衛交流を強化していくことを確認した。サウジ東岸のペルシャ湾入り口にあるホルムズ海峡は、日本向けタンカーが往来する海上輸送路。安保対話は不測の事態への対応力を高める狙いがある。サウジアラビアは日本にとって最大の原油供給国で、日本は年間輸入量の三割を依存している。会談終了後、両首脳は合意内容などに関する共同声明を発表。首相はアブドラ国王とも電話会談した」

＊現代の戦争の新しい形態

米国は、「プラズマ兵器」という恐るべき最新兵器を開発している。一口で言えば、宇宙から発射する物凄いエネルギーと破壊力を持った「殺人光線」である。たとえば、小笠原諸島の一角にこのプラズマをぶち込めば、東京はもとより首都圏を壊滅させることができる。

米国は、「プラズマ兵器」で殺人光線を発射して破壊すると射程を定めた都市として、モスクワ、北京、上海など数都市を選んでいるという。オバマ大統領が「核兵器廃絶」を宣言できたのは、この「プラズマ兵器」のお陰と言われている。この兵器が実験段階から実用段階に入っていると聞かされたロシアのプーチン首相が、兜を脱いだからである。

米国がいま、最も恐れているのは、核兵器が分散し、テロリストたちの手に渡ることである。完成品でなくてもよい。そして、テロリストが欲しがっているのは、核兵器の燃料となる「プルトニウム」である。「プルトニウム製造工場」である日本列島が目をつけられるのは、まずい。近くには、核開発が進んでいる北朝鮮がある。日本海一つを隔てているだけの至近距離だ。「第三次世界大戦」ともなれば、朝鮮半島で核戦争が勃発する。

オバマ大統領は、「核廃棄宣言」をして、ノーベル平和賞を受賞したとはいえ、米国は、日本列島を「プルトニウム製造工場」と位置づけて、青森県六ヶ所村の再処理工場から製造されるプルトニウムをすぐに米国に運び出し続けている。

日本の原発のなかでもプルサーマル方式では、使用済み核燃料の再処理によりウランとプルトニウムが製造され、このプルトニウムが核兵器の燃料になる。

このことから、潜在的核戦力国家「日本」の実力は、次の三つに集約されている。

①日本列島「核材料プルトニウム製造工場」＝蓄積されるプルトニウム
②原発技術陣
③開発技術、管理技術

北朝鮮は、核戦争ともなれば、敵国である日本を必ず狙う。このことを米国は、一番恐れている。

＊野田佳彦首相が、「武器輸出禁止三原則」を緩和した

ところで、「武器輸出禁止三原則」は、佐藤栄作首相が一九六七年四月、「武器輸出三原則」

（①共産圏諸国、②国連決議が輸出を禁止した国、③国際紛争当事、これらには武器（防衛装備品）や関連技術の輸出を認めない）について、国会答弁して以来、四六年を経過している。

三木武夫内閣が一九七六年二月、①②③以外の国にもすべての武器や技術の輸出を事実上、禁止した。平和主義者であった三木武夫首相の固い信念を表明した。このときから数えても、三七年を経ている。

この間に、米国が大惨敗したベトナム戦争あり、イラン・イラク戦争あり、湾岸戦争あり、そして、今度もまた米国が大惨敗していながら決着していないアフガニスタン・イラク戦争が起きている。

にもかかわらず、野田佳彦首相は、この風雪に耐えてきた「武器輸出禁止三原則」を「緩和」する決意を易々と固めた。つまりは、これは、日本を米国のような「悪の戦争経済」なくしては生きていけない「軍産複合体（Military-industrial complex）国家」に仲間入りすることを意味していた。

野田佳彦首相、それに「武器三原則緩和」に最も熱心な前原誠司政調会長（米ネオコンと親密）は、日本を「悪の戦争経済」に巻き込むつもりなのであろうか。前原誠司政調会長は、先般、ワシントンを訪問した際に行った講演で、「武器輸出禁止三原則緩和」を力説している。

日本でも、防衛省・陸海空三自衛隊と軍需産業（三菱重工業を頂点に約一〇〇〇社）がいまや完全癒着の「日本版・軍産複合体」を築いており、松下政経塾同門の野田佳彦首相（一期生）と前原誠司政調会長（八期生）は、これをより強固なものにしようと策動していたのである。いずれも「いつか来た道」を無批判に驀進しようとしているとしか見えなかった。

米ＣＩＡの宣伝媒体とも言える読売新聞は二〇一一年一〇月一四日付け朝刊「一面」トップで、「武器輸出三原則を緩和」「首相　米大統領に表明へ」「国際共同開発が可能に」などという見出しをつけて、報じている。「一一月に行われる見通しの日米首脳会談で、オバマ大統領に表明する調整に入った」と言い、ＴＰＰ（環太平洋連携協定）への参加交渉表明とともに、訪米の「手土産」にするつもりだった。

日本版・軍産複合体は、「武器の国際共同開発」、正確には、「武器の日米共同開発」により、「戦闘機や艦船、ミサイル防衛などの重要装備の共同開発が可能になる」と大喜びだった。

だが、「共同開発」とは、日本が米軍基地予算の肩代わり、思いやり予算、米軍沖縄普天間基地の海兵隊移転予算に加えて、「開発予算」の負担と日本の最優秀技術の無償提供を意味しており、日本は米国にむしり取られるばかりである。その結果、日本もいまの米国のように「軍産複合体ジレンマ」に陥り、「悪の戦争経済」から足抜けできない国となるのは、目に見えている。いよいよ「軍事大国への驀進」が始まったのだ。

＊「日中戦争」に備え、防衛省が「ミニ航空母艦」三隻発注

中国人民解放軍による「尖閣諸島上陸」から「日中戦争」に発展するのに備え、防衛省が海

上防衛に必要な最新鋭装備の増強に踏み切った。

「天気晴朗なれど波高し」――日本海海戦のときに使った電文を想起させる非常事態、すなわち「日中戦争」が、東シナ海から日本の固有の領土である尖閣諸島海域で現実化しそうな形勢である。この非常事態に備えるため、防衛省は、遂に「開戦」を想定して海上自衛隊の装備増強に踏み切ったという。一体何を造って海上防衛力を増強しようとしているのか？

防衛省はすでに三菱重工業に「ミニ航空母艦」三隻の建造を発注、現在、三菱重工業は急ピッチで完成を急いでいるという。「ミニ空母」の建造は、原子力潜水艦の建造とともに海上自衛隊のかねてよりの悲願であった。ミニ空母は、垂直離着陸機能（ハリア）とレーダーに探知されないステルス機能を持つ攻撃型戦闘機に加えて最新鋭輸送機「オスプレイ」を搭載でき、東シナ海から中国上海市方面を容易に攻撃できるようになる。

中国は全国人民代表大会で、習近平国家主席・李克強首相を選んで二〇一三年三月一七日終えた。習近平国家主席が就任後初めて行った「重要演説」について、朝日新聞は二〇一三年三月一九日付朝刊「一面」で「軍は中国の主権守る」という見出しをつけてこう報じた。

「習氏は『軍は断固として国の主権、発掘の利益を守らなければならない』と述べ、軍を強化する必要性を強調」

「『党の指揮に従い、戦えば必ず勝つ、強い軍をつくるとの目標』を示し、軍の能力を高める考えを強く打ち出した。尖閣諸島問題を抱える日本など周辺諸国との摩擦を意識し、改めて主権維持への強い意思を示した」

中国共産党人民解放軍（七軍区、三艦隊）のうち、上海市近くにある「南京軍区」の海軍は、尖閣諸島への上陸作戦を訓練し続けており、一触即発の状況にある。日本の海上保安庁の巡視船の手に負えなくなれば、当然、海上自衛隊の艦艇が対応せざるを得なくなる。

米国は、日米安保条約上、日本が中国人民解放軍の陸海空軍に攻撃されれば、米軍を出動させて、「日本を守る」姿勢を示してはいるけれど、日本の領土、領海、領空を守るのは、基本的に日本の責任であり責務だ。米軍に頼りきることはできない。これは当たり前のことだ。

米国が財政難の折から国防予算を削減しており、海外に展開している米軍将兵の給料も遅配が続いている最悪の状況にある。そんな米軍将兵がいかに同盟国であるとはいえ、日本のために率先して「血を流そう」と奮い立つわけがない。となれば、日本は国防の原点に立って原子力航空母艦、原子力潜水艦はもとより攻撃型戦闘機、戦車軍団などを急いで整え、さらに「核武装」（実はすでに核兵器を保有しているという説もある）も決断せざるを得ない時が確実に迫っている。

＊日本は「第三次世界大戦」のスポンサーにされる

オバマ大統領と習近平国家主席は、第二次朝鮮戦争を皮切りに「中国・インドの核戦争」から「第三次世界大戦」を策動中だと言われており、安倍晋三政権は、戦費調達のスポンサーにされる。

北朝鮮（金正恩第一書記）が二〇一三年三月三〇日、「政府・政党・団体特別声明」を出し、南北関係が「今から戦時状況に入り、すべての問題は戦時に準じて処理される」と宣言したことから、これが皮切りになり、いよいよ「第三次世界大戦」が勃発する危険性が高まってきた。中国共産党人民解放軍が、米軍・自衛隊と尖閣諸島で軍事衝突することも予測されている。大規模な戦争は、中国共産党人民解放軍とインド軍の間で繰り広げられる「核戦争」だ。中国とインドそれぞれで二億人、計四億人の将兵が戦死すると予想されているという。

北朝鮮が、「戦時状況に入っている」と声明を発したのは、米軍が米韓合同演習に「B52戦略爆撃機やステルス機のB2爆撃機を投入した」ことが、大きな動機になっている。米国オバマ政権のヘーゲル国防長官は「北朝鮮に核攻撃するつもりはない」と発言しているものの、オバマ大統領は、「第三次世界大戦」の勃発を念頭に、米国民や企業、加えて日本の安倍晋三政権と韓国の朴槿恵政権に対して戦費調達を促す手段として、「B52戦略爆撃機やステルス機のB2爆撃機投入」を図ったと見られている。

オバマ大統領が、米韓合同演習に「B52戦略爆撃機やステルス機のB2爆撃機を投入する」と決定した途端、米国内の軍需産業の株価が急上昇したという。「いよいよ第二次朝鮮戦争か」という戦争ムードが高まったからである。オバマ大統領は、北朝鮮軍の本格的な軍事行動が発火点になり、「第三次世界大戦が勃発する」と予測して、戦費調達に乗り出したのである。現在の米国連邦政府は、「財政の崖」に立たされて、国防予算まで削減されているため、大戦争に参戦するほどの財政的能力がない。

そこで、ブッシュ大統領がアフガニスタン空爆からイラク戦争に突入した際、戦後初めてとなる「戦時国債」を売り出して、主に富裕層から戦費調達を図ったときと同様に、「戦時国債による戦費調達」を行うつもりなのである。株式市場には、むかしから「戦争は、買い」という言葉があるように、株高により、証券市場が活性化し、企業活動が活発化すれば、ひいては、税収増につながる。

加えて、米国の同盟国である日本と韓国に対しては、最新鋭の兵器や装備、弾薬などを売りつけることが可能となるばかりか、戦費提供を促すこともできる。日本の安倍晋三政権と韓国の朴槿恵政権は、戦費調達のスポンサーにされる。

第6章　米国が日米事前協議で日本政府に強い圧力をかける

＊米通商代表部が「二〇一三年度の外国貿易障壁報告書」で「日本の貿易障壁」を懸念

米通商代表部（ＵＳＴＲ）は二〇一三年四月一日、「二〇一三年度の外国貿易障壁報告書」をオバマ大統領と議会に提出した。各国に貿易上の課題の是正を求めるもので、ＵＳＴＲが米国の貿易相手国との通商課題を分析し、内容を更新して毎年発表しているもので、通商政策の下敷きになる。このなかで、日本政府に対しては、「広い範囲の貿易障壁を取り除くよう働きかけを続ける」とした。とくにＴＰＰ交渉をめぐる日米事前協議の焦点の一つである自動車の非関税障壁やコメの流通規制など「日本の貿易障壁」を懸念した。

自動車分野について、報告書は「さまざまな非関税障壁が（米メーカーの）日本市場への進出を妨げている」とし、米国車の販売が低水準にとどまっていることに「深刻な懸念」を示し、米国車を日本車と同様に購入促進の補助金の対象にするよう要求するとともに、安全基準や認証制度の変更に関する説明不足などを厳しく批判している。

また、日本の農協など農業団体が「聖域なき関税撤廃」の例外を求めているコメについて、「強い規制や不透明な輸入・流通制度」が米国産米の普及を妨げていると力説、このほか、さまざまな分野の非関税措置の見直しも求めている。

日本郵政については、米政府として改革を今後も注視し、民間企業との対等な競争条件を確保するまで業務範囲の拡大を認めないよう、とくに保険分野で「かんぽ生命」の新商品などに懸念を示し、併せて、「ゆうちょ銀行」の住宅ローン融資業務申請などに反対姿勢を露わにしている。

米国産牛肉の輸入規制が緩和されたことについては、「重要な変化で、米国の業者に多くの収益をもたらす」と評価している。

＊米国が日米協議のなかで諸要求を一気に認めさせようと相当意気む

米国側は「外国貿易障壁報告書」「日米規制改革・競争政策イニシアティブ要望書」「日米経済調和対話」などを通じて、米国系多国籍企業・金融機関等の利害を貫徹するため、長年にわたって、広範囲にわたる諸要求を日本政府に突き付けてきたが、ＴＰＰ交渉を併行して行われている日米事前協議のなかで、これらを一気に認めさせようと相当意気込んでいる。つまり、米国は日本政府が合意すれば、協議事項をいくらでも追加され得るという強気の姿勢で臨んでおり、この報告書に記載した日本への要求内容を突き付けるばかりでなく、これまでの「事前協議」で米国側がまだ満足していない諸問題について、日本政府に強い圧力をかけて、なお一層の譲歩を求めている。

こうした状況の下で、外務省は二〇一三年四月四日、「二〇一三年米国通商代表（USTR）外国貿易障壁報告書」（日本の貿易障壁言及部分：外務省作成仮要約）を発表した。これを読めば、米国の具体的な対日要求の全貌がはっきりとわかる。

米国時間二〇一三年四月一日、米通商代表部（USTR）が公表した「二〇一三年外国貿易障壁報告書」の我が国に言及する部分は以下のとおり。

1　輸入政策

（1）牛肉輸入制度

二〇一三年一月末、米国と日本は日本向けの米国産牛肉・牛肉製品の輸出拡大に向けた新たな条件に合意した。二〇一三年二月一日に効力を生じたこの新しい条件の下で、日本は現在、三〇か月齢以下（従来は二〇か月齢以下）の牛肉の輸入を認めている。これらの重要な変更により、米国産牛肉の日本向け輸出は今後数年間で数億ドルになると見込まれる。また、両政府は、新たな合意の下での進捗状況の確認や今後生じうるあらゆる問題に対処するために定期的及び臨時的に協議を行うことに合意した。日本はまた、食品安全委員会によってBSEのリスク評価が行われており、この評価は国際基準を考慮し、米国から輸入される牛肉及び牛肉製品の月齢制限を三〇か月齢より更に引き上げることについて検討を行うことを含むものであることを確認した。

（２）コメ輸入制度

日本の極めて規制的で不透明な輸入米の輸入・流通制度が日本の消費者の輸入米への意味あるアクセスを制限している。一般ミニマムアクセス入札を通じた米国産輸入米のほとんどすべてが政府在庫に向けられ、その政府在庫から、ほとんどが加工用、飼料用又は食料援助用に仕向けられる。業界の調査によれば日本の消費者は米国産の高品質米を買うと見込まれるにもかかわらず、米国産と特定され消費されるコメはわずかである。米国は日本が今後ともＷＴＯ上のコメ輸入量に関するコミットメントを満たすことを期待。

（３）小麦輸入制度

日本では小麦は、農林水産省を通じて輸入され、日本の製粉会社に対し、輸入額より相当に高く売り渡される。高い価格が日本の小麦製品の価格を引き上げ、小麦の消費を減退させている。二〇〇七年に、農林水産省は国際価格の変動を踏まえて小麦の売渡し価格について頻繁な調整ができるよう小麦輸入制度を改定したが、米国政府は、引き続き日本の小麦の国家貿易の運用とそれによって貿易を歪曲する可能性を懸念。

（４）豚肉輸入制度

(豚肉輸入制度を説明。)

（5）牛肉セーフガード

(牛肉セーフガードの仕組みを説明。)

（6）水産品

日本の輸入水産品に対する関税は一般的に低いが、複数の産品に対する関税が米国輸出の障害となっている。他に市場アクセス問題も残っている。例えば、日本はスケトウダラ、マダラ、シロガネダラ、サバ、イワシ、イカ及びニシンに輸入割当を維持。さらに、タラ、タラコ及びスリミにも輸入割当を維持。日本の輸入割当制度行政は著しく改善しており、米国産魚類及び水産物輸出への障壁は引き続き軽減されることが期待されている。

（7）牛肉、かんきつ類、乳製品、加工食品への高関税

日本は、赤肉、かんきつ類、ワイン、乳製品及びあらゆる加工食品を含む米国にとって重要な複数の食品に高関税を維持。これらの高関税は、一般的に日本で国内生産がある食品にかけられている。これら高関税品目の関税を削減することが米国政府の優先事項である。

（8）木材及び建築資材

日本は特定の木材製品の輸入に課す関税を維持している。木材製品への関税の撤廃は米国政府の長年の目標。

（9）皮革製品・靴

日本は、皮革履物の日本市場への輸入を実質的に制限する関税割当枠を設定し続け、米国製及び米国ブランドの履物の市場アクセスに悪影響を与えている。米国政府は、同割当の撤廃を引き続き目指していく。

（10）税関問題

米国政府は、日本に税関手続きを改善し、他のより迅速で、より低コストの解決策を見出すための様々な取組を行うことを求め続ける。米国政府は、日本が税関法に基づく免税輸入限度額を一万円からより高い水準へ引き上げることを求めてきた。日本の事前教示制度のシステムの強化もまた、米国の輸出者にとって透明性及び予見可能性を向上させるだろう。通関手続き及び通関時間は、例えば、輸出入・港湾関連情報処理システム（NACCS）のすべての利用者が申告のための通関事務所を選択できるようにすることでさらに円滑化されるであろう。また、航空急送貨物の検疫を到着空港ではなく保税倉庫で行うことや特定貨物の事後輸出申告を認めることにより、さらなる円滑化が見込まれるだろう。

2　サービス障壁

（1）日本郵政

米国政府は、日本郵政を民営化すべきかについては中立である。しかし、日本郵政グループの金融機関やネットワーク会社の改革が日本の金融市場における競争に深刻な影響を及ぼしかねないことから、米国政府は日本政府の郵政改革の取組を引き続き注視するとともに、日本政府に、日本郵政各社と民間の銀行、保険、急送便事業者との間で対等な競争条件が確保されるために必要なすべての措置をとることを求めていく。

二〇一二年四月に成立した郵政民営化改正法は、対等な競争条件に対する長年の懸念をさらに高めた。特に、今回の見直しは、日本郵政各社の保険業法及び銀行業法からの適用除外を拡大し、日本郵政各社が業務範囲を拡大することが認められる前に満たさなければならない条件を下げ、日本郵政の郵便配達業務を行う会社と郵便局ネットワークを管理する会社の合併を認めて内部相互補助の懸念を増幅させた。

急送便の分野について、米国政府は日本郵便と国際急送便事業者との間の不公平な競争条件に引き続き懸念を有している。米国政府は、日本郵便が他の国際急送便事業者と同様の通関手続・費用を求められること、独占的な郵便事業の収入による日本郵便の国際急送便への補助を防止すること等により、日本が公平な競争を進めていくよう呼びかける。

米国政府はまた、日本が郵政改革を検討するに際し、意思決定が行われる前に、関心を有する者が政府当局や諮問委員会等に意見を述べ得るパブリックコメントの手続きと機会の十分かつ意味ある活用を行うことを含め、郵政民営化法の見直しの実施を含めた郵政改革のプロセスが十分に透明であることを確保するよう引き続き求めている。タイムリーかつ正確な会計報告や関連文書の開示は、引き続き会議の議題、議事録及びその他の関連文書を公開していくことと同様に郵政改革のプロセスにおいて重要な要素である。

（２）保険

日本の民間保険市場の規模や重要性及び依然として残っている障壁の範囲に鑑み、米国政府は、日本政府による規制枠組みが開放的で競争的な保険市場を促進することを引き続き高い優先事項としている。

ア　かんぽ生命

米国政府は、かんぽ生命が日本の保険市場の競争に与える負の影響につき長年懸念を有しており、改革の実施を引き続き注視している。米国政府の観点から見た重要な目標は、日本のＷＴＯの義務と整合的に、日本郵政各社と民間セクターとの間に対等な競争条件を確立することである。また、日本郵政グループ各社に関連する法律や規制の実施にあたり、日本が完全な透明性を確保することも重要である。

米国政府は日本に対し、こうした懸念に対応するため、複数の取組を引き続き求めていく。例えば、①日本郵政グループの金融機関と民間企業に対する同等の監督、②日本郵便が、そのネットワークに関して、他の民間保険会社に対して、日本郵政グループの会社と同等のアクセスを与えるとともに、民間会社の商品を透明性を持って、差別なく選択し提供することを確保すること及び、③日本郵政グループの会社に保険業法のアームズ・レングス・ルールとの整合性を厳守させることや適切な会計文書の公開を含め、日本郵政内の事業や関連会社間の相互補助を防止するための適切な措置をとること。

米国政府は、対等な競争条件が確立される前に、日本郵政グループがグループ金融機関の業務範囲を拡大することを日本政府が認めないよう、引き続き求める。さらに、新商品認可のプロセスが透明かつ全関係者にオープンであることが肝要である。

米国政府は、これらの問題に対して深い懸念を表明するとともに、二〇一二年九月にかんぽ生命及びゆうちょ銀行によって提出された学資保険の改定及び新たな住宅ローンサービスの認可プロセスを引き続き注視する。

イ　外国保険会社の現地法人化

二〇一二年八月、金融庁は「平成二四事務年度保険会社等向け監督方針」を発表した。同方針は、外国保険会社の支店に現地法人化を求めることが適切であろうと示唆している。米国政府は日本政府に対して、外国保険会社が日本市場にアクセスする法的形態についての選択肢を引き続き認めることを求めると共に、保険の提供に影響するあらゆる措置について意見表明をする意味のある機会を提供するよう求める。

ウ　共済

米国政府は、対等な競争条件を確保するため、共済が、金融庁による監督下に置かれることを含め、民間セクターのカウンターパートと同じ規制水準・監督に服することを求める。

米国政府は、金融庁または他のどの省庁の規制にも服さない保険事業を有する共済に対して金融庁に監督権限を与えるという方向の進展を逆転させる動きについても引き続き懸念を有する。二〇〇五年の保険業法改正は、規制されていない共済を金融庁の監督に服することを求めることで、これを達成したであろう。しかし、日本政府は、実施を遅延し、また場合によっては実施に例外を設けてきた。

エ　保険契約者保護機構（ＰＰＣ）

二〇一二年三月、日本政府は、ＰＰＣに対する政府の拠出の既存の制度を二〇一七年三月まで、向こう五年間延長した。米国政府は、日本に対してＰＰＣシステムについて、これらの措置が再び更新される前に関係者との十分かつ意味のある審議を通じた抜本的な変更を引き続き求める。

オ　保険の銀行窓口販売

金融庁は、銀行窓口販売の自由化三年後の行為規制のレビューを行うことをコミットした。二〇一一年七月、金融庁はモニタリング結果に沿って行為規制の若干の見直しを明らかにする報告書を公表した。二〇一二年四月に施行された改正規制は、保険商品の販売に係る規制緩和の範囲が狭いことから、商業的インパクトは比較的限定的であった。米国政府は、日本政府が更なる見直しを行うことにいまだコミットしていないことに懸念し、日本政府に対して銀行窓口販売チャネルについて、事実関係に基づいた透明性のある見直しを近い将来行うことを求める。次回の見直しは、利害関係者からの意見表明のための意味のある機会を包含し、保険契約者保護の強化及び消費者による選択肢の改善のため、世界のベストプラクティスを考慮すべきである。

（3）他の金融サービス

金融庁によるベター・マーケット・イニシアティブへの取組を始め、日本の金融サービス分野における改善が行われているものの、米国政府は日本に対し、オンライン金融サービス、確定拠出年金、信用調査機関、顧客情報の共有を含め、引き続き金融セクターの改革を求める。同セクターにおいては、特に、ノーアクションレターや関連のシステムの効率性向上、日本の金融関連法の解釈の書面による提示及び懸念や調査手続の改善の可能性等についてすべての関係者からの意見表明を要請すること等の透明性慣行について一層の改善が必要である。

（4）電気通信

米国政府は、引き続き以下のことを日本に求めていく：新興技術や事業モデルのための公平な市場機会の確保・融合、インターネット対応サービスのための適切な規制枠組みの策定、及び支配的事業者に対する競争上のセーフガードの強化。米国政府は、日本がルール策定に際しての透明性を改善すること及び制度的意思決定において公平性を確保するよう引き続き求める。二〇一二年一月、日本は情報通信技術（ICT）サービスに関する共通の通商原則につき米国と合意したが、これは、これらの課題の多くに対応するための前向きな進捗である。

ア　固定回線相互接続

二〇一二年三月、総務省は、ＮＴＴ東日本及びＮＴＴ西日本の相互接続料を、二〇一二年度を通じて長期増分費用（ＬＲＩＣ）モデルに基づいて算定し、承認した。二〇一二年三月、総務省は、ＮＴＴ東日本及び西日本によるイーサネットデータ伝送を含む次世代ネットワークについての二〇一二年度の相互接続料についても承認した。これらの相互接続料は国際標準からみていまだ高止まりしている。

イ　支配的事業者規制

ＮＴＴの法的構造に関する日本が実施中の全体的な見直しに照らし、米国政府は日本に対して、融合サービス市場に参加するすべての事業者に影響する電気通信市場の競争の確保に引き続きコミットするよう求めてきている。

ウ　ユニバーサルサービス

ユニバーサルサービス基金が存在するにもかかわらずＮＴＴ東日本からＮＴＴ西日本への特定費用負担金を維持しているのは、重複に見える。米国政府は、この相互補助の廃止を求めてきた。

エ　モバイルターミネーション（携帯電話接続）

携帯電話接続料は、未だ国際標準及び特に日本における固定回線接続料と比較し高止まりしている。相互接続料に係る総務省の新たなガイドラインに従って二〇一二年一月、ＮＴＴ

ドコモは他携帯サービス事業者との電話接続料を二〇一一年三月に遡及して最大二一・八％減額することを発表した。総務省はすべての携帯事業者に対して、この新たなガイドラインに追従するよう促している。しかし、ＮＴＴドコモとは対照的に、他の携帯電話事業者の接続料は高止まりしており、料金値下げのための折衝努力は成功していない。携帯セクターに新規事業者が参入する中、米国政府は進展を注視するとともに、総務省に対し、より経済的に効率的で事業間で相互に接続料を支払い合うことのない「ビル・アンド・キープ」制度への移行の利点を検討するよう働きかけてきた。

オ　新しい移動体無線免許

周波数不足と新技術に対する高い需要に照らし、米国政府は総務省に対し、特に二〇一一年七月に放送局が地上デジタルテレビへ移行したことで入手可能となった周波数に関し、技術的中立性の原則と整合するようなタイムリーで、透明性があり、客観的で非差別的な方法で商用周波数を割り当てるため、オークションを含む代替メカニズムを検討することを引き続き求める。二〇一一年一二月、総務省は、商用周波数割当にあたり、オークションも選択肢となり得るシステムを二〇一五年までに導入する予定であることを明らかにした。二〇一二年三月、日本政府は周波数を割り当てるためのオークションの使用を総務省に認可するための電波法の改正法案を提出したが、国会は同法案について審議しなかった。二〇一三年二月、新政権下の政府は現在の国会審議に同法案を提出しないことを決定した。

（５）情報技術（ＩＴ）

二〇一二年一月、日本政府は、ＩＣＴサービスに関する共通の通商原則を米国政府と締結することで前向きな対応を行った。同原則は、規制の透明性、ネットワーク及びアプリケーションへのオープン・アクセス、国境を越える自由な情報流通、デジタル・プロダクトの非差別的取扱い、及び情報通信技術（ＩＣＴ）サービスにおける外国投資を含む広範な項目に及ぶ。しかし、米国政府は引き続き日本政府に対し、クラウドコンピューティング、医療ＩＴ、プライバシー、ＩＴ及び電子商取引に関する政策立案に関連する懸念に対応することを求める。

ア　クラウドコンピューティング

米国は、日本の国内外で提供されるデータサービスについて非差別原則を採用することを求めてきた。米国政府はまた、日本政府に対してデータセンターやクラウドコンピューティングについてのルールの策定及び実行に当たっては、十分な透明性の確保と内外の企業からの意見聴取を求めてきている。

イ　医療ＩＴ

不十分な償還インセンティブに加え、相互運用性、技術的中立性及び国際的調和を欠く政府の政策は、米国の重要な市場である日本の医療ＩＴサービスセクターの拡大を妨げる。米国政府は、技術的中立性、相互運用性を促進し、患者に診療記録へのアクセス拡大を可能とする、国際基準に基づいた医療ＩＴの迅速な実施を通じた、ヘルスケアにおける質と効率性の改善を日本に求めてきた。二〇一二年九月、米国と日本政府の医療ＩＴの専門家は、互いに関心のある医療ＩＴに関する事項に取り組むための対話を開始するために東京で会合を持った。

ウ　プライバシー

ばらばらで一貫性のない日本の省庁におけるプライバシーガイドラインは、日本における個人情報の保存や一般的な扱いに関し、不必要に負担の多い規制環境を作り上げた。米国政府は、日本に対し、政策の標準化や一貫したガイドラインの実施を通じ、中央政府全体のプライバシー法執行にあたり、一層の一貫性が導入されることを求めてきた。米国政府は、さらに、オンライン広告に関するプライバシーガイドラインが策定される過程において、適切な情報の共有を促し、完全な透明性を確保するとともに広く協議すべく、日本がプライバシー法の規定や適用を見直すことを求めてきた。

エ　ＩＴ及び電子商取引

ＩＴ及び電子商取引に関する日本の政策立案プロセスの透明性が不十分であることは、日本におけるイノベーションと競争力を妨げ、米国企業のアクセスを制限してきた。米国政府は、日本に対し、政策立案過程のすべての段階における産業界のインプットの聴取及び考慮を通じ、政策立案過程を改善することを求めてきた。

オ　海外からのオンライン・コンテンツの消費税

二〇一二年、財務省は日本の消費者に海外からオンラインで配信される音楽や書籍に消費税を課す方針を発表した。日本に配信拠点を置く企業によって配信される音楽や書籍は、既に消費税の対象となっている。財務省はＥＵで使用されているシステムをモデルとした義務的登録システムを外国企業に導入することを提案している。三月一日、財務省は税制改正法案を国会に提出したが、同法案には海外からオンラインで配信される音楽や書籍に消費税を課税するための条項は含まれておらず、財務省は海外からのオンライン・コンテンツに対する課税のための効果的な枠組をいまだ検討していることを示唆している。米国政府は進展を注視する。

（６）司法サービス

日本は外国弁護士が日本において国際法務サービスを効率的な形で提供する能力に制約を課している。米国政府は引き続き日本に対し、法務サービス市場をさらに開放するよう求めている。二〇一二年三月、外国弁護士が日本国内において支店の開設が許可される日本の専門職法人を設立することを認める法案が国会に提出された。しかし、その法案は成立せず、再び国会に提出されるかどうかは不透明である。次なる重要なステップは、外国弁護士が専門職法人を設立したか否かを問わず、複数の支店を日本に開設することを認めることである。米国政府は引き続き、日本に対し、日本の弁護士が海外の弁護士とともに国際法務パートナーシップに加盟することについて、法的な障害や弁護士会において障害がないことを確保すること及び新規外国法務コンサルタントの登録手続の迅速化を含む他の重要な措置を取るよう求めている。

(7) 教育サービス

米国政府は、外国大学が日本の教育環境に対し独特な貢献を提供し続けることができるように、引き続き日本の文部科学省に対し、外国大学と取り組むことを通じ、日本の大学に匹敵するような税制上の優遇措置を与えるための全国規模の解決策を探ることを求めている。

3 知的財産保護

日本は一般的に強固な知的財産権保護と執行を行っているが、米国政府は引き続き日本に対し、二国間協議・協力及びマルチや地域的な会議を通じ、特定の分野における知的財産権保護と執行の改善を求めている。二〇一一年一〇月の日本によるACTA(偽造品の取引の防止に関する協定)への署名及び二〇一二年九月の承認(外務省注:本文には「ratification」と表記されているが、実際に九月に行われたことは国会の承認であるため「承認」という用語を用いた)は前向きな進捗であった。

米国政府は、日本に対し、デジタル環境における海賊対策を含め、海賊版発生率を引き続き引き下げるよう求めてきた。警察や検察は、権利者の申立なしには、知的財産犯罪を独自に取り締まる職権上の権限を欠く。さらに、米国政府は日本のインターネット事業者(ISP)責任法が、インターネット上の権利保持者の作品に十分な保護を与えるために、改善されるよう求めてきた。

日本は、特に技術的保護手段に対する保護を拡大する二〇一一年に関税法及び不正競争防止法並びに二〇一二年に著作権法の見直しのための取組を行った。しかしながら米国政府は、日本が引き続き技術的保護手段の回避、そのような回避のために使用されるツールの密輸に対し、効果的な刑事・民事上の対処法を講じるために法律を更に強化することを提言する。

日本は映画の著作物の保護に対しては七〇年の保護期間を与えているにもかかわらず、著作権及び関連する権利によって保護される他の全ての著作物に対して五〇年の保護期間しか与えていない。米国政府は引き続き日本に対し、最近の国際的潮流に沿って著作権及び関連する権利のすべての対象について保護期間を延長するよう求めている。

著作権法の改正が二〇一〇年に施行され、特に、これにより私的利用の例外条項は、音楽作品や映像が違法なソースから意識的にダウンロードされた場合は適用されないことが明らかとなった。二〇一二年の追加的な改正により、このような事例において刑事罰が適用されることとなった。米国政府は、これらの取組を歓迎するが、日本政府に対し、このような私的利用例外への制限が著作権及び関連する権利によって保護されるすべての作品にも広げられるよう引き続き求めていく。

加えて、米国政府は、地理的表示（ＧＩ）の保護のため、五年以内に「sui generis」制度を導入するとの計画に係る二〇一一年一〇月の日本の発表に関し、引き続き動向を注視する。米国政府は、日本が、ＧＩを保護するために既存の制度の変更を考える場合、既存商標の権利者の先行権利の保護、一般名称の使用の確保、異議申立・取消手続の保障など、ＧＩ保護範囲とＧＩ登録保護手続を含む一定の主要原則を確保するよう求めていく。

４　政府調達

(1) 建設、建築及び土木工事

米国企業は、毎年、日本の巨大な公共事業市場において、一％よりはるかに少ない事業しか獲得していない。日本の公共事業セクターへの米国の設計・コンサルティング及び建設企業の参入を制限する、談合を含む問題ある慣行が続いている。

米国政府は、この広汎な問題の対策のため、より効果的な行動をとるよう引き続き日本に対し働きかけていく。米国企業が特に関心を抱く、幾つかの大規模公共事業について、米国政府は特別な注意を払っている。これらは、外環道を含む主要高速道路、主要公共建築物、鉄道および駅工事調達、都市開発及び再開発事業、計画的港湾施設拡張事業、主要なＰＦＩ事業、さらに未実施または未完成のＭＰＡ（「大型公共事業への参入機会等に関する我が国政府措置」）事業等である。米国政府はまた、環境浄化、「グリーン」建築、設計、調達に関する動向にも注視していく。

（2）情報通信（ＩＴ）の調達

透明性欠如、単独供給契約への過剰な依存、知財所有権への制限等が、特に、日本政府のＩＴ調達への米国企業の参加を妨げている。したがって、米国政府は、日本に対し、技術的中立性や相互運用性の原則に基づく国際的な技術の潮流や基準を反映する国内の政府横断的な政策の遂行等を通じて、日本が政府調達に一層の競争、透明性、公平性を導入することを求めてきた。二〇一二年八月、日本は初の中央政府情報化統括責任者を任命した。米国政府は、日本が新しいＣＩＯの地位をＩＴの政府調達の改革に活用するよう促している。加えて、米国政府は、クラウドコンピューティング事業に係る日本の政府調達がクラウド事業提供者によって使用される技術との関係で中立的となるよう働きかけている。

5　投資障壁

世界第三位の経済大国であるにもかかわらず、日本は依然としてＯＥＣＤ加盟国のどの主要国と比べても投資全体に占める対内直接投資が最も低い。ＯＥＣＤの統計によれば、二〇一〇年末の対内直接投資残高は、全ＯＥＣＤ平均のＧＤＰの二八・八％と比較し、日本はわずか三・七％である。他のＯＥＣＤ諸国では外国直接投資の最大で八割を占める対内Ｍ＆Ａ活動も日本においては遅れている。様々な要因が日本におけるクロスボーダーＭ＆Ａを困難にしている。それらは、外国人投資家に対する態度、株主の利益よりもゆるぎない経営陣を保護する不適切なコーポレートガバナンスのメカニズム、株式持ち合い、財務の透明性や情報開示の不足等である。

6　反競争的慣行

日本は競争政策の強化のため、近年、課徴金の増額及び処分の厳格化、時効の延長及び公正取引委員会の執行メカニズムや手段の強化を含む重要かつ前向きな取組をしてきた。同時に、現行の独占禁止法の執行のためのシステムがデュー・プロセス保護を十分に与えていないかもしれないという懸念が存続する。

（1）独占禁止の遵守及び抑止の向上

米国政府は引き続き日本が深刻な独占禁止法違反に対し、執行の実効性を最大限にするよう取り組むことを求めてきた。

大学院レベルの経済学の訓練を受けた職員の数の不足という要因により公正取引委員会の独占禁止法を執行する能力が制限されている。この要因は、公正取引委員会が、カルテル的行動でないことを適切に評価するために必要とされる経済分析に従事することを妨げる。米国政府は引き続き、公正取引委員会がその経済分析能力を向上させることを求める。

（2）公正取引委員会の手続的公正と透明性の向上

公正取引委員会は、発出される排除措置命令や課徴金納付命令の対象企業に対し、公正取引委員会職員からの証拠を見直すこと及び最終命令発出の前に、証拠を提出し抗弁することを認めているものの、現行のシステムが十分な法の適正手続を保障しているのかについて疑義が生じている。

米国政府は、公正取引委員会の捜査、審決及び抗告プロセスにおける特定の手続的公正性に関連する問題について引き続き懸念を提起する。

（３）談合撲滅のための手段拡充

米国政府は、政府調達における利害の衝突を防ぐため、政府関係者による談合への関与を撲滅するための努力を改善し、及び行政措置減免制度を拡大するためには追加的な措置が必要であるとの懸念を引き続き表明する。

７　その他分野及び分野横断事項の障壁

（１）透明性

米国政府は、政府の規制や政策決定プロセスにおける高い透明性を達成するための新たな施策を採用するよう日本に強く求めてきている。

ア　諮問機関

米国政府は、すべての利害関係者に対して、諮問機関及び他の政府開催のグループに参加し、またこれらに対して直接情報提供できるような、豊富で有意義な機会が適切に提供されるように保証するための新たな要件を採用することにより、これら諮問機関及びグループの透明性を保証することを求め続ける。

イ　パブリックコメント

米国政府は、日本が既存のパブリックコメントが十分に実施されていることを保証し、制度をさらに改善するために、例えばルール策定に係るパブリックコメント期間を二倍の六〇日にする等、追加の改正を行うことの必要性を強調してきている。

ウ　規制と規制執行の透明性

民間部門がコンプライアンスを必要とする規制と規制の公的な解釈に関する十分な情報を持つことを保証するため、米国政府は、日本が特に省庁と機関に対して、規制と、規制に一般的に適用される解釈に関するすべての政策方針を公表するよう命じるように求めている。

（2）商法

米国政府は、取引上適用されうる合理的且つ明瞭なインセンティブの有無を含め、国境を越える合併買収の障害を特定・撤廃するよう、また、日本企業が買収防衛策を採用し、もしくは株式持ち合いに従事するときに、株主の利益が適切に保護されるように対策を講じることを日本に対して求め続けている。

米国政府はまた、商法と企業統治システムを一層改善するよう日本に求め続けている。これらの変更には、積極的かつ適切な議決権行使を促進・奨励すること、社外取締役の最低要件を定め独立性を確保し、取締役会での社外取締役の役割を増大させること、取締役と大株主の受託義務の明確化により少数株主の保護を強化すること、上場企業の企業統治を改善し、少数株主の利益の保護を保証するような上場規則とガイドラインを採用するように証券取引所に求めることを含み得る。

二〇一二年一一月、東京証券取引所は、企業統治に関する取締役向けの初めてのハンドブックの発表という前向きな取組を行った。加えて、二〇一二年の法制審議会の提言に基づき、日本政府は、監査・監督委員会設置会社の創設や社外取締役の要件の厳格化、多重代表訴訟制度の創設などを含む、実現すれば一定の前進となる前向きな措置を検討している。しかしながら、もし実現されたとしても、日本を国際的なベストプラクティスと一致させるためには更なる進展が必要であろう。一つの重要な取組は、企業が少なくとも一名の社外取締役を任命することを求めるとの要件を導入することであろう。

（３）自動車関連

伝統的に様々な非関税障壁が日本の自動車市場へのアクセスを妨げてきた。米国産自動車及び自動車部品の日本での総売上は、依然として低く、重大な懸念である。

米国政府は、日本の自動車市場の米国の自動車メーカーに対するアクセスの全般的な欠如に関して懸念を表明してきた。障壁は、基準及び認証に関連する問題、基準及び規制策定に際して利害関係者からの意見表明のための十分な機会の欠如、流通・サービスネットワークの展開を阻む障害、並びにＰＨＰ制度を通じて輸入される米国車が一時的な財政上のインセンティブプログラムから利益を得る均等な機会の欠如を含むがこれに限らない。米国政府は、日本の自動車関連市場におけるすべての障壁に対応するよう、日本に働きかける。

（４）医療機器及び医薬品

革新的な米国の医療機器は、日本で利用可能となる何年も前に世界の他の場所で導入され（デバイス・ラグ）、又は日本に全く導入されないということがしばしばある（デバイス・ギャップ）。日本政府は、デバイス・ラグやデバイス・ギャップが患者に革新的かつ命を救う製品へタイムリーにアクセスすることを妨げることを認識し、二〇〇八年一二月に実施された医療機器審査迅速化アクションプログラムにしたがって、審査期間やプロセスを着実に改善してきている。薬事法の改正を通じて、医療審査プロセスがさらに改善されるだろう。薬事法改正法案は、医薬品とは異なる医療機器の特徴を考慮した制度の構築を包含する。米国政府は日本に対し、日本政府が薬事法改正を進める中で、アクションプログラムの目標を達成するとともに追加的な措置を取ることを引き続き求める。

医療機器に対する日本の償還価格政策は、市場に革新的な医療技術が導入されることを阻害し続けている。日本の外国平均価格参照制度の適用及び同制度の変更に特別の懸念を有している。米国政府は日本政府に対し、イノベーションを報い、企業が先進医療製品の研究開発に投資するインセンティブを与える、予見可能で安定的な償還価格政策を実施するよう引き続き求める。

医薬品については、米国政府は日本政府が二〇一〇年に（試行的に）実施した新薬創出等加算制度を歓迎する。二〇一二年四月一日、二年毎の薬価改定において、日本政府は、試行的に導入された新薬創出等加算制度を向こう二年間継続することを決定した。米国政府は、新薬創出等加算制度については、その恒久化を引き続き求めるとともに、市場拡大再算定制度など、革新的な医薬品の開発と導入を妨げる他の償還政策を導入することを控えるよう日本に求める。

日本の医薬品・医療機器償還決定プロセスの透明性は、追加的な構造的変更の可能性を含め、近年向上したが、米国政府は日本政府に対し、より開かれた予測可能性のある市場を育成するために、最近の改善を基にさらに取組むことを引き続き求める。

（５）栄養補助食品

健康強調表示に対する非常に負担の大きい規制が主要な懸念である。他にも、食品添加物申請に要する長いリードタイム、栄養補助食品の製造に際しての有機溶剤の使用制限を含む食品成分及び食品添加物の使用制限、栄養補助食品に対する輸入税が、同じ成分が含まれる医薬品に比して高いこと、新成分の分類における透明性の欠如、健康食品関連規制の制定プロセスにおける透明性の欠如に対して懸念がある。米国政府は日本政府とこれらの問題について引き続き協議する。

（６）化粧品及び医薬部外品

医薬部外品として分類される特定の製品に対する市販前承認のプロセスは、負担が大きく、透明性を欠き、製品の安全性・品質・有効性を高めるとは思われない要件を含む。また、化粧品と医薬部外品の広告・表示の規制が、消費者が情報に基づいた選択を行うために企業が消費者に製品の利点を伝えることを妨げている。二〇一一年夏、日本政府は化粧品について「小じわを目立たなくする」という新たな広告表示を認めることに同意した。米国政府は懸案事項について取り組むよう引き続き求める。

（7）食品及び栄養機能食品の成分開示要求

新開発食品及び栄養機能食品について、成分と食品添加物の名称・割合・製造工程の表記を求めていることは、負担が大きく、専有情報の競争相手への漏出の危険もある。

（8）航空宇宙

米国政府は、米国企業が日本の衛星市場に参画できる機会を十分に得られるよう働きかけている。

（9）ビジネス航空

日本は、最も顕著な例が成田空港だが、規制の自由化及びインフラへの投資を通じて、ビジネス航空事業を強化する取組を行ってきている。米国政府は、ビジネス航空分野において一層の自由化を進めるため、ＡＰＥＣ交通ワーキンググループ等を通じて、引き続き航空局と協働する。

（10）民間航空

米国と羽田空港の間の運行は限定されている。米国政府は、米国航空会社による羽田空港へのアクセスの商業的に意義ある拡大について、引き続き関心を払っていく。

（11）運輸及び港湾

米国政府は、長年、日本の港湾に関する参入障壁と競争力に関する懸念を持っている。長期的な関係、透明性の欠如、ライセンス要件及びその他の慣行や条件は、外国船会社が日本において事業を行う能力を大きく制限してきた。

＊ＴＰＰは日本農業を壊滅させ、日本民族の生存も左右する

これら米国の報告書通りの対日要求を飲まされ、ＴＰＰに反映されることになると、日本農業は、間違いなく壊滅状態になる。

農林水産省は、国境措置撤廃による農林水産物生産等への影響を次のように試算（国産農水産物を原料とする一次加工品＝小麦粉等＝の生産減少額を含める）している。

試算の前提は、三三品目（農産物一九品目、林産物一品目、水産物一三品目＝米、小麦、甘味資源作物、牛乳乳製品、牛肉、豚肉、鶏肉、鶏卵、合板、サケ・マス類等を対象）、基準は、関税率が一〇％以上かつ生産額が一〇億円以上。

○農林水産物の生産減少額＝四兆五〇〇〇億円程度

○食料自給率（供給熱量ベース）＝現在四〇％↓一三％程度に減少
○農業の多面的機能の喪失額＝三兆七〇〇〇億円程度
○農林水産業及び関連産業への影響、①国内総生産（ＧＤＰ）減少額＝八兆四〇〇〇億円程度、②就業機会の減少数＝三五〇万人程度

この試算のなかで、最も重要なのは、食料自給率である。現在四〇％が一三％程度に減少するというのは、「食糧安全保障」上、極めて由々しき事態を招く危険がある。資源エネルギーを確保できなくなるのを「油断」、情報が途絶えるのを「情断」というけれど、食糧が枯渇するのは、「糧道を絶つ」という言葉があるように「糧断」ということになる。生命が絶たれることを意味するので、食糧は日本民族の生存を左右し、言うなれば「民族の存亡」にかかわる「戦略物資」であり、あらゆる食糧を他国に依存するわけにはいかない。

なお、ＴＰＰに反対している静岡大学の土居英二名誉教授は二〇一三年七月一七日、「全産業への波及試算」を行ったなかで、農業の生産減の影響により全産業の生産額が約一一兆円減り、家計消費支出は、三・四兆円減ると予測している。朝日新聞が七月一八日付け朝刊「四面」で報じている。農業ばかりか、全産業さらには各家庭も打撃を受けるということだ。

＊食の安全が保てなくなる

「ＴＰＰ参加で食の安全が損なわれる」と憂慮されている。各国がそれぞれ独自に決めている

食品添加物や残留農薬などの基準が、同一のルールとなる可能性があるからだ。

日本は食品衛生法により、使用できる食品添加物は、指定添加物、既存添加物、天然香料、一般食物添加物の四種類に分類されており、指定添加物四三二品目と既存添加物三六五品目を合わせた約八〇〇品目となっている。

これに対して、米国は、「米国食品医薬品化粧品法」によって定義付け、安全性と有効性についてＦＤＡ（米食品医薬品局）が認可した約六〇〇品目と「ＧＲＡＳ物質（長い食経験から一般に安全と認められる物質）」の約一〇〇〇品目となっている。ＦＤＡ認可の添加物だけなら日本より少ないけれど、ＧＲＡＳ物質を含めると日本の倍にもなり、米国ルールが「統一ルール」に決定されると、日本が使用禁止にしている添加物も使用できることになり、国民の健康に悪影響する危険が高まってくる。

かねてより問題となっているのは、残留農薬などの基準である。国土の広い米国では、大規模農業により、農薬を大量に空中から散布して、農産物を生産している。このため、農産物に農薬がかなり残留しており、これが、消費者には、心配のタネになっている。基準が米国流に統一されれば、危険性はかなり高まることになる。

さらに、米国の報告書は、「食品及び栄養機能食品の成分開示要求」について「新開発食品及び栄養機能食品について、成分と食品添加物の名称・割合・製造工程の表記を求めていることは、負担が大きく、専有情報の競争相手への漏出の危険もある」として、反対している。だが、消費者の立場からすれば、「企業利益」と「消費者の健康」のどちらを優先するかという問題であり、「消費者の健康」を犠牲に供するわけにはいかない。

米国側は、遺伝子組み換え食品に厳しい表示義務が導入されると、遺伝子組み換え食品の売り上げ減につながると心配してきた。大豆やトウモロコシなど生産・流通段階から遺伝子組み換えとそうではない作物を細かく管理しなければならないので、コスト増となり経営上、デメリットになると難色を示してきたのである。

しかし、オーストラリアやニュージーランドが「遺伝子組み換え食品の表示義務」に賛成の立場を表明していることや、日本の消費者の憂慮を米国側も理解したのか、最近では、遺伝子組み換え食品の表示義務を受け入れることで方針変更しているという。ただし、まだ正式決定したわけではないので、油断はできない。

＊国産牛BSEの全頭検査終了に、「緩和措置は時期尚早」と不安の声が残る

二〇〇一年九月の国内でのＢＳＥ発覚を受け、同一〇月から一二年近く続いてきた国産牛の牛海綿状脳症（ＢＳＥ）の全頭検査が終わった。ＢＳＥは、牛の脳に異常プリオンがたまり、脳がスポンジ状になってしまう病気である。これに感染した肉を食べた人はクロイツフェルト・ヤコブ病を発症する恐れがある。

しかし、検査対象を二〇〇五年八月から「生後二一か月以上」、二〇一三年になって、「三〇

か月超」に緩和した。自治体独自の全頭検査は継続していた。

食品安全委員会が二〇一三年四月上旬、「四八か月以下は不要」と答申案をまとめたのを受けて、厚生労働省と農林水産省が見直しを検討した。五月には、国際機関「国際獣疫事務局」（ＯＩＥ、本部パリ）が、日本をＢＳＥのリスク評価で最も安全な「無視できる国」に格上げしたことから、厚労省は二〇一三年六月三日、七月一日から検査対象の国産牛を、四八か月超に縮小するよう省令改正した。だが、消費者団体のなかには、「緩和措置は時期尚早」と不安の声は依然として根強く残っている。

＊外国大学に「税法上の優遇措置」を行わないのは、「非関税障壁だ」と決めつける

「教育サービス」について、米国政府は「外国大学が日本の教育環境に対し独特な貢献を提供し続けることができるように、引き続き日本の文部科学省に対し、外国大学と取り組むことを通じ、日本の大学に匹敵するような税制上の優遇措置を与えるための全国規模の解決策を探ることを求めている」と日本政府に要求しているのだが、日本は、日本国憲法第八九条ですなわち「公の支配に属しない慈善、教育若しくは博愛の事業に対し、これを支出し、又はその利用に供してはならない」と「公の財産の支出又は利用の制限」を規定している。

このため、国や都道府県など地方公共団体が、私立大学、小中高校に「補助金」「助成金」を支出したり、「税法上の優遇措置」を行ったりすることは、憲法違反となる。そこで、「私学

振興財団」を媒介にして、「補助金」「助成金」を支出するという便法を取っている。

しかし、株式会社が経営する私立学校は、当然のことながら、「補助金」「助成金」を受けることができない。これに対して、米国は、「外国大学にも、日本の大学に匹敵するような税制上の優遇措置を与えよ」と迫っているのだ。外国大学は、日本国や地方公共団体による「公の支配」に属していないので、憲法の規定上、「補助金」「助成金」を受け取ることはできないのは、もちろん、株式会社に対する「税法上の優遇措置」以上の優遇措置を受けることができるかとなると、かなりの困難がある。にもかかわらず、米国は、これを「非関税障壁だ」と決めつけて圧力をかけてきているので、厄介である。

日本の国の「公の支配に属さない」外国大学をどんどん増やし、「税法上の優遇措置」を行っていけば、それでなくても、少子高齢化時代の下で、大学経営の過当競争による粗製乱造を招いているのに、さらに日本の教育が破壊されかねない。

＊著作権の保護期間を権利者の死後五〇年から七〇年に延長することを決めた

日本は、ＴＰＰ交渉参加表明が遅れたので、マレーシア東部コタキナバルで開かれた「ＴＰＰ拡大交渉会合」（二〇一三年七月一五日～二五日）で、米議会の承認手続きを経て、二三日午後からやっと合流できた。このため「コメ、麦、牛・豚肉、乳製品、サトウキビなど甘味資源作物の重要五品目」を関税撤廃の対象から除外できるか否かが問われている。日本がルール作りに関与できないのでは、意味がないからである。

ＴＰＰ交渉をめぐる日米事前協議（二〇一三年四月）で、安倍晋三政権は、著作権を含む知的財産分野の交渉方針を米国と統合する案を示したなかで、著作権の保護期間を権利者の死後五〇年から七〇年に延長することを明らかにしている。知財分野は新興国と先進国の利害が一致せず、交渉が遅れているのを見て、日本は米国と連携を強化し、七月二三日に初参加した交渉で主導権を握ろうとしたのである。

＊オバマ大統領が、「軽自動車の生産中止」を安倍晋三首相に強く要求

ＴＰＰ交渉と同時進行の日米二国間協議では、自動車と非関税措置の二つの領域で行なうことが義務づけられている。その一つである「自動車」をめぐり、安倍晋三首相は、米国オバマ大統領に嫌われている。英国・北アイルランドで開かれた「Ｇ８」（二〇一三年六月一七日、一八日）でオバマ大統領が安倍晋三首相との日米首脳会談を「他国との首脳会談を優先させたい」と断ってきた。その理由が「自動車」にあった。

オバマ大統領は二月二二日、安倍晋三首相と約一時間四五分にわたり、首脳会談とワーキングランチを行った。

安倍晋三首相は、訪米する前、オバマ大統領から「軽自動車というクルマの生産を止めろ」と申し込まれていた。首脳会談の席上でも、同様のことを要求されたという。

米民主党のオバマ大統領は、全米自動車労組（本部・ミシガン州デトロイト、ワシントンD・Cにも事務所。米国内、カナダ、プエルトリコに五五万七〇〇〇人の労働者を組合員に抱え、米国内で有数の規模を持つ）を支持母体としているので、その要求に応じざるを得ない。

軽自動車のスズキは、大統領令を受けて、二〇一二年一一月六日、ハワイを除く米国本土での自動車販売事業から撤退すると発表した。しかし、オバマ大統領は、「軽自動車の生産まで止めろ」と申し入れていたのである。これに対して安倍晋三首相が、色よい返事をしなかった。まさか、スズキに「軽自動車の生産を止めよ」とは言えないからである。ここから、オバマ大統領がTPP参加問題で、安倍晋三首相の態度に不安と懸念を抱き、安倍晋三首相を嫌うようになったという。

第7章　日本のＴＰＰ参加に向けての経緯

最後にＴＰＰ参加に向けての日本の経緯をまとめておこう。

＊菅首相が唐突にＴＰＰ参加を表明

環太平洋戦略的経済連携協定（ＴＰＰ）は、環太平洋地域の国々による経済の自由化を目的とした多角的な経済連携協定（ＥＰＡ）である。二〇〇五年六月三日、シンガポール、ブルネイ、チリ、ニュージーランドの四か国間で原協定に調印し、二〇〇六年五月二八日に発効した。

菅直人首相は二〇一〇年一一月七日〜一四日、神奈川県横浜市で開かれたアジア太平洋経済協力会議（ＡＰＥＣ）首脳会議に出席する際に、日本の食糧安保への深い洞察もなく、しかも民主党内での党議も経ないで独断専行して「ＴＰＰへの参加」を突如決めた。

議長を務めた菅直人首相は、農業再生と開国の両立を強調して、貿易自由化に向けた強い決意を表明。地域経済統合に向けた具体的な取り組みでは、二〇二〇年のアジア太平洋貿易圏（FTAAP）の実現に向け、TPPへの参加を表明した。

菅直人首相が、唐突に「TPPへの参加」を表明して以来、国民世論は賛否両論二分している。これに対して、TPPについて広く考えることを大きな国民運動にしようという動きが、ようやく大きなうねりになってきた。

「TPPを考える国民会議」が発足、宇沢弘文東大名誉教授、山田正彦前農水相、久野修慈中央大学理事長らが、菅直人首相の「平成の開国」に異議を唱えて立ち上がる。

二〇一一年現在、米国、オーストラリア、マレーシア、ベトナム、ペルーが加盟交渉国として、原加盟国との拡大交渉会合に加わって、九か国による交渉は、二〇一一年一一月一二日に大枠合意に至り、二〇一二年内の最終妥結を目指していた。だが、さらにカナダとメキシコが加わり、一一か国となった。

＊マイケル・グリーンやアーミテージの暗躍

二〇一一年七月二一日から日本経済団体連合会が長野県軽井沢町で開いた夏季フォーラムで、米対日工作担当者のマイケル・ジョナサン・グリーン（戦略国際問題研究所（CSIS）上級顧問兼日本部長・ジョージタウン大学准教授）が講師を務めるなど、日本国内で活発に動いている姿が、やたらと目立っていた。

目的は、日本政府にＴＰＰへの参加促進を求めることだった。対日工作担当者と言うからには、いわゆる「スパイ」や「忍者」のイメージが先行するのだが、マイケル・グリーンの動きは、どうみても日本の業界団体に名づけられているいわゆる「圧力団体」さながらの凄まじさであった。当面、何をしようとしているのかを浮き彫りにするため、具体的な動きを整理しておかなくてはならない。
①六月二〇日から二三日、マイケル・グリーンが所属している戦略国際問題研究所が主催した米国財界、経済人の日本訪問である。上司のリチャー・アーミテージ元国務副長官が、引率の代表者のようであった。その側にピッタリ付いて、道案内をしていたのが、マイケル・グリーンだった。ＣＳＩＳは、経団連と共同で「東日本大震災の復興支援プロジェクト「復興と未来のための日本パートナーシップ」（委員長：米ボーインクのジム・マクナーニー最高経営責任者）を設立したが、すべてのお膳立てをするとともに、次世代を担う政治家たちとの懇談の席では、リチャード・アーミテージの左隣の席を固めていた。
②経団連の夏季フォーラムが七月二一日から長野県軽井沢町で始まった。「東日本大震災からの復興と経済再生」がテーマになった。しかし、遅々として進まない震災復旧や保身のためとしか考えられない菅直人首相発言に企業経営者はあきれ、「日本がつぶれてしまう」とブーイングが相次いだ。

だが、マイケル・グリーンが、講師として招かれて、講演した。内容は、公表されていないけれど、米国企業の東日本大震災の復旧復興への参加やTPPへの参加促進などが話された模様である。

③マイケル・グリーンは日経BPネット「復興ニッポン――いま、歩き出す未来への道」（七月二九日）において「米国の戦略的資産としての日本」（『日本の未来について話そう』の「第五章：日本外交政策の選択」小学館刊より）と題する論文を掲載している。この最後のところで、こう述べている。

「最後に、貿易や開発に関する新しい戦略を打ち出すことも、日本の国力の強化に貢献するはずだ。韓国は既に様々な国との間で自由貿易協定（FTA）の交渉を進め、さらなる経済成長や戦略的互恵関係の強化を目指している。いまでは貿易全体の三五・六％がFTAに基づくものになった。日本では往年の勢いこそ衰えたとはいえ、農業団体がいまだに強い政治力を発揮している。その結果、日本の貿易総額に占めるFTA締結相手国・地域の割合はわずか一八・五％にとどまっている。日本は一九八〇年代に構築された、ある意味重商主義的な姿勢を改めると同時に、一九九〇年代に流行した『人間の安全保障（ヒューマンセキュリティ）』に基づいたばら撒き型の政策からも脱却し、新たな成長戦略を構築しなければならない。海外援助の効率性を高め、同じ志を持つ資金援助国との調整作業を進め、非政府組織（NGO）部門の拡大を国策として支援するようになるべきだ。
そうすれば、略奪的な傾向を強める中国に脅威を感じている途上国に対し、オーストラリアやデンマークに匹敵する効果的な援助戦略で臨むことも可能だろう。大きな野心と優れた政治力を備えたリーダーであれば、以上のステップはすべて十分に実現可能だ。では、日本にもそのようなリーダーは生まれてくるだろうか。今日の政治の混乱は、必ずしも将来を暗示しているわけではない。いまの混乱は、半世紀にわたる自民党の支配が終わるという断末魔の苦しみなのだろう。間違いなく政治の不安定は一時的なものであり、いまの状態が将来の政治や戦略の基準となるわけではない」

この論文を読めば、マイケル・グリーンが、日本国内でどんな工作をしているかが、鮮明に浮かび上がってくる。とくにＴＰＰへの参加促進を日本政府に強く求めていることが窺える。

＊マスコミのＴＰＰ参加の大合唱

二〇一一年一一月八日付け朝日新聞は、朝刊「社説」（オピニオン面、一二面）で「どうするＴＰＰ　交渉参加で日本を前へ」という見出しをつけて、米国主導のＴＰＰ推進の論調を力説している。親米・ＣＩＡ寄りの読売新聞化への道を驀進しているように見える。社説は、最後のところで、こう結んでいる。

「もちろん、難交渉になるのは間違いない。しかし、参加しない限り、新たなルールに日本の主張を反映できない。TPPに主体的にかかわることが、日本を前へ進める道だ」

朝日新聞が、TPP交渉参加に熱心であるのは、それぞれの立場があるからよいとしても、米国オバマ政権と米議会の背後にいて圧力をかけている業界団体についての取材記事がほとんど掲載されていなかった。

＊小沢一郎の警告

二〇一一年一月一六日フジテレビ番組「新報道2001」に小沢一郎元代表が生出演した。フジテレビは、小沢一郎批判の急先鋒で知られてきたが、小沢一郎特集を企画し、小沢一郎元代表が生出演を快諾して出演したという。

この日のテーマは、「小沢一郎SP　今こそ語る改造内閣&TPP&ニッポン外交　政治とカネ」、小沢シンパという脳科学者の茂木健一郎教授（株式会社ソニーコンピュータサイエンス研究所上級研究員、慶應義塾大学大学院システムデザイン・マネジメント研究科特別研究教授）が、コメンテイターとして出演して、こわごわ質問していたのは、傑作だった。

小沢一郎元代表の発言で、最も聞き応えがあったのは、TPPについてであった。マスメディアは、小沢元代表がTPP反対論者の如く思い込んでいるフシがあるのに対して、小沢元代表は、「私は、自由貿易論者であり、TPP反対論者ではない。ただ、自由化するには、セーフティネットなどのシステムをつくった上でなければ、小泉さんのときのような格差社会を生み出してしまう。弱肉強食にしてはならない。また、こんなことを言っていいのかわからないが、ＴＰＰでのアメリカの国際戦略に翻弄されてはいけない。アメリカは、アメリカの国益を考えてＴＰＰを言っている」と言い、趣旨の発言をしていた。聞きようによっては、ガムシャラにＴＰＰ参加に突進している菅直人首相に対する警告とも言えた。

この発言のなかで、さらに注目すべきは、「ＴＰＰでのアメリカの国際戦略に翻弄されてはいけない。アメリカは、アメリカの国益を考えてＴＰＰを言っている」という箇所である。この視点は、菅首相はじめ菅政権のどこからも、ましてや野党からも、マスメディアからも一切、指摘されず、「バスに乗り遅れるな」とばかり、いかにもＴＴＰに参加することが、正義であるかの如く論議され、報じられている。

そのなかにあって、小沢元代表のみが、ＴＰＰの問題に憂慮しているが、「政治とカネ」の視点だけで、いかにも小沢元代表が「極悪人」の如く指弾されている。世論調査すれば、「小沢一郎は、国会議員を辞職すべき」という項目にマルをつけたり、賛同したりする者が、半数以上を占めている。いかなる罪名で検察審査会に強制起訴されたかも、知りもせず、国民は世論調査に応えているのだ。

小沢一郎代表が憂慮している米国主導のＴＰＰ問題について、「菅直人首相はＴＰＰへの参加に向けて突っ走っているが、世界最大穀物商社・米国カーギル社の『国際戦略の餌食』にされないよう警戒せよ！」と書いた。小沢一郎代表が、さらりと「アメリカの国際戦略」と発言したこのフレーズの奥は、極めて深い。

二〇一一年一一月一〇日、小沢一郎元代表は、小沢派議員と国会内で会ったとき、「いまの政権に交渉できるやつがいるのか、いないだろう」と発言し、TPP交渉参加に積極的な野田佳彦首相の姿勢を疑問視していた。すなわち、小沢一郎元代表は、野田佳彦首相が突き進むTPP交渉参加の「交渉力」を危ぶんでいた。

実のところ、小沢一郎元代表は、「自由貿易論者」であり、基本的には「TTP賛成論者」である。だから、かねてから、「TPP交渉参加には、米国の戦略をよく見抜き、セーフティネットをしっかり整備しておかなくてはならない」と力説していた。

加えて、小沢一郎元代表は、政権交代してまだ二年を経たばかりの民主党国会議員の大半が、政治経験も外交経験も浅い政治家であることを心配し続けてきた。つまり、米国オバマ大統領が、TPP交渉参加を日本に強く要求してきていることに異議を申し立てているわけではない。米国経済が低迷し、景気浮揚が思い通りに進まず、雇用確保もままならず、格差社会に抗議して全米にデモが広がっている様を知れば、オバマ大統領が、TPP実現に懸命になるのは、当たり前である。ましてや二〇一二年一一月の大統領選挙を控えて再選を果たしたいと必死になっている姿をテレビ報道などで見れば、オバマ大統領がどんな困難な状況に立たされているかは、同じ政治家である小沢一郎元代表にも、よく理解できる。

従って、ＴＰＰ交渉参加に慎重・反対論が噴出しているのは、日本側の問題である。ひとえに、貿易立国で生きてきた日本が、自由貿易に平仄を合わせ、これに備えた国内体制の整備を怠ってきたが故に直面した困難である。つまり、多分に日本側の問題なのである。

しかも、今回は、元来、自民党の選挙基盤であったＪＡや日本医師会、病院会、製薬業界、健康保険連合会などが、「関税障壁、非関税障壁撤廃」のターゲットにされている。民主党の選挙基盤ではなかった。それらが、一斉に民主党・野田佳彦政権に激しく陳情、突き上げを始めたのである。自民党・公明党連立政権の怠慢のツケをいま、野田佳彦政権が担わされているとも言える。やはり自民党の資金源であった経団連など経済団体は、変わり身が早かった。

小沢一郎元代表が、野田佳彦政権の「交渉力」を心配しているのは、対米交渉の前面に立ち会ってきたこれまでの経験からだ。

拙著『政治家の交渉術』（成美文庫）で、若き日の小沢一郎元代表が、日米交渉で獅子奮迅の働きをした姿を、以下のように記述した。

「《交渉も一種の自分との戦い》マックスウェーバーが言うように『政治家の資質』のうちで一番必要なのは『しつこさ』である。交渉人に欠かせない資質も『しつこさ』である。これは必須条件の一つである。逆に言えば、『しつこさ』の足りない人は、交渉には向かない。

小沢一郎は、この『しつこさ』にかけては、日本の政治家のなかで右に出る者がいないほどの『粘り強さ』を持っている。岩手県水沢市（現・奥州市）生まれの生粋の『東北人』であるからかもしれない。

竹下登首相は一九八八年一月十三日、ワシントンを訪問し、就任初の日米首脳会談に臨んだ。会談はのっけから本題に入った。

日米間の最大の懸案になっていた『牛肉・オレンジの輸入自由化問題』が横たわっていたからである。

世界最大の農業国である米国が、ドル高による輸出競争力の低下に苦しみ、日本に対して輸入圧力を強めていた。米側は『完全自由化』を強く求め、日本側は「牛肉・オレンジ」の橋堡が崩れれば、日本農業にとっても自民党選挙基盤という点から「本丸」とも言える『コメの自由化』への道を開くとの危惧が支配していた。

このため、政府・自民党は、必死の抵抗を続けていた。

竹下登首相は一九八八年六月三日、ロンドンの米大使館公邸のウィンフィールドハウスで、急遽設定された『竹下・レーガン会談』に出席した。これは別名、「牛肉・オレンジ会談」と言われた。

この『牛肉・オレンジ交渉』に先立って、日米間では公共事業をめぐる建設市場開放交渉も焦点に浮上、小沢一郎（当時、官房副長官）が、渡米して決着させた。

このとき、小沢一郎は『タフネゴシエーター』（手強い交渉相手）の政治家として知られるようになる。

東京・西新宿に建設されたＮＴＴ新本社ビルは設計段階から内外無差別の『設計コンペ方式』採用によるものだった。この合意の一つの結実とも言えた。

日本の電気通信市場開放問題をめぐっても、小沢一郎がその任に当り、今日の携帯電話を中心にした移動体通信時代の基礎をつくっている。

アメリカは、その後も個別品目をめぐり、次から次へと要求を日本に突きつけてきた。それはまるで『もぐら叩き』のようだった。アメリカは、日本が要求を飲まないときは、容赦なくアメリカ通商法『３０１条』を発動した。

『片手で握手、片手でバール』

テーブルの下で握手しながら、表では頭をバールで殴りつける。アメリカのこのやり方は、今も昔も変わっていない」

＊野田総理がＴＰＰ参加で関係国との協議に入ることを表明

二〇一一年一〇月二七日、長島昭久首相補佐官は、笹川財団とウッドロー・ウィルソン国際学術センターが、東京国際フォーラムで開催した「第三回　日米共同政策フォーラム」に出席して、「東日本大震災の日米協力」をテーマに話していた。このフォーラムには、米ＣＩＡ軍事部門資金担当であるリチャード・アーミテージ元国務副長官も出席して、基調講演をしている。リチャード・アーミテージ元国務副長官は、マイケル・ジョナサン・グリーンの上司である。

米国は、ブッシュ前大統領の二期目最後の二年、ゴールドマンサックス社のヘンリー・ポールソンCEOを引き抜き、財務長官に抜擢した。中国北京政府の上層部に広い人脈を持っているのを活用して、「元の切り上げ」を実行させようとしたのである。

そして、ワシントンと北京で交互に米中経済対話を開催した。その都度、米国側は、「元の切り上げ」を要請したものの、まったく受け入れられなかった。中国北京政府側は、「中国は、発展途上国だから、まだ無理だ」と言い逃れてきた。これは、中国が自由貿易体制のTPPにも参加できないことを意味している。

オバマ大統領は、これを逆手に取り、「環太平洋軍事同盟の構築」に先手を打ったのである。野田総理大臣は二〇一一年一一月一一日に「交渉参加に向けて関係国との協議に入る」と表明した。だが、拡大交渉会合への参加は許可されず、交渉会合中の情報共有や協議には応じない方針が明らかにされている。

オバマ大統領は二〇一二年一月二四日、一般教書演説を行った。

「今夜、我々がどのように前進していくかということについて話したい。持続する経済の青写真を示したい。米国の製造業、エネルギー、労働者の技術力、新たな価値観に頼れるような経済だ。この青写真は米国の製造業から始まる。

私が就任した当時、自動車産業は崩壊の瀬戸際だった。そのまま死なせた方が良いという声もあったが、一〇〇万人の雇用がかかっており、私はそうはしなかった。救済する代わりに我々は義務を求めた。リストラを求めたのだ。ゼネラル・モーターズは世界首位に返り咲き、クライスラーは最も早い成長を見せ、フォード・モーターは米国で数十億ドルもの投資を行っている。自動車業界全体で一六万人近い雇用を生み出したのだ。

我々は米国の労働者に、創意工夫に賭けた。そして今夜、米国の自動車産業は戻ってきた。デトロイトで起こったことは他の産業でも起こっている。海外に去った雇用を全て戻すことはできない。だが、今では中国でビジネスする方が高くつき始めている。今や製造業を取り戻す絶好の機会なのだ。ビジネスリーダーへのメッセージは簡潔だ。自国に雇用を戻すために何ができるか考えてほしい。そのために米国はできることは何でもする」（ただし、米国自動車産業界は、ＴＰＰ参加に反対、日本の軽自動車に脅威を感じているからだ）

＊ＴＰＰをめぐる動き

このころ、野田佳彦首相は、ＴＰＰ交渉参加をすでに決意。鹿野道彦農水相をはじめ閣僚のほとんどが同意。反対派国会議員が、ＴＰＰ反対デモに参加。民主党の反対派国会議員は、二一〇人を超える。連立与党の国民新党の亀井静香代表も、野田佳彦首相と会談し、反対の意向を伝える。野党第一党の自民党の加藤紘一元幹事長らも反対。与野党を超えた国会議員多数が反対。経団連の米倉弘昌会長（住友化学会長）と全国農業協同組合中央会（ＪＡ）の万歳章会長が一一月九日午後、東京都内のホテルで会談、対決する。

二〇一二年四月三〇日（日本時間五月一日）、米オバマ大統領、野田佳彦首相と会談。「三分野に関心　ＴＰＰ　首相に改善要求」（三分野とは、自動車、保険、牛肉）。

二〇一二年六月五日、ＴＰＰの交渉に入っている米国やオーストラリアなど九か国の貿易相が、ロシア西部カザニで会合。九月にロシア・ウラジオストックでＴＰＰ首脳級会合を開く。

二〇一二年六月六日、「ＴＰＰ日米協議、停滞　互いの国内事情足かせ」「優先順位が低下」。

二〇一二年六月一八日～一九日、野田佳彦首相はメキシコで開かれるＧ２０でのＴＰＰ参加見送る。国内摩擦を回避する（なお、ロシアは九月にウラジオストックでＡＰＥＣ開催）。

＊自民党の政権公約と総選挙での圧勝

安倍晋三総裁率いる自民党が二〇一二年一一月二一日、衆議院選挙の政権公約を発表した。主な柱は、次の通りであった。

①名目三％以上の経済成長を達成する。物価上昇率の目標を二％に設定し、日銀法の改正も視野に入れ、大胆な金融緩和を行う。

②集団的自衛権の行使を可能にする。憲法を改正して自衛隊を「国防軍」と位置づける。

③海上自衛隊によるインド洋での給油活動も早急に再開する。
④教育委員会の責任者を自治体の長が任命できるように教育委員会制度を抜本的に見直す。教科書検定の基準を改める。現在の小学校から大学までの「六・三・三・四制」を見直す。
⑤ＴＰＰ＝環太平洋パートナーシップ協定の交渉参加について、「聖域なき関税撤廃」を前提にするかぎり反対する。
⑥原発の再稼働の是非について、すべての原発で三年以内の結論を目指す。
自民党は、英国労働党生まれの「共産党綱領」を意味する「マニフェスト」という言葉を使用せず、「政権公約」という伝統的な言葉している。国家レベルの政策について、「必達目標（コミットメント）」とか「実現期限（デッドライン）」を設けて、義務づけるのは、無理である。

この代表例が、「憲法改正」だ。自民党は自由党、民主党が保守合同した一九五五年一一月一五日に党綱領を掲げ、このなかに「憲法改正」を明記したけれど、未だに実現していない。また、野田佳彦首相は、民主党のマニフェストに違反して、「消費税増税法」を成立させた。このため「ウソつき首相」のレッテルを貼られて、総選挙では、「民主党壊滅」と言われるような危機状態に陥れた。そのうえ、いまやマニフェストは、「ウソつき」の代名詞に使われている。民主党の新しいマニフェストは、端から信用されていない。

自民党政権公約を個別に点検してみよう。

①名目三％以上の経済成長を達成する――物価上昇率の目標を二％に設定し、日銀法の改正も視野に入れ、大胆な金融緩和を行う。日本は二〇一二年一〇月から、「不況の一〇年サイクル」に突入しているので、急いで「新経済成長戦略」を実行する必要がある。待ったなしだ。それも「政官財学界」から実力者が五～一〇人が集まり、チーム編成しなくてはいけない。そして、国家目標・ビジョンを掲げるべきだ。

②集団的自衛権の行使を可能にする。憲法を改正して自衛隊を「国防軍」と位置づける――同盟国軍が敵から攻撃を受けたときは、お互いに援護し合うのは、当たり前である。これが戦場の道理であり、議論の余地はない。いざ戦争になれば、訓詁学的な憲法の神学論争は無意味になる。自衛隊の現場では、戦争になれば、超法規状態になるので、思う存分戦えと教えられている。自衛隊を自衛軍、国防軍、正規軍と名づけようと名づけまいと、軍隊であることに変わりはない。自衛官のプライドのためには、軍隊でよい。

③海上自衛隊によるインド洋での給油活動も早急に再開する――国際貢献のためには、当然のことである。ただし、親日的なアフガニスタン国民、イラン国民の心情は配慮しなくてはならない。

④教育委員会の責任者を自治体の長が任命できるように教育委員会制度を抜本的に見直す。教科書検定の基準を改める。現在の小学校から大学までの「六・三・三・四制」を見直す――教育委員は、当初の「公選制度」に戻すべきである。共産党や日教組は恐れるに足らない。

戦後教育の見直しの中核である「六・三・三・四制」改革は、中曽根康弘元首相が取り組んで、文部省に抵抗されて、潰された「いわくつきの改革」であり、実現は難しい。本当ならば、「思想統制省」である文部省を解体して、「教育施設庁」に格下げしてしまうのが、最も望ましい。

⑤ＴＰＰ＝環太平洋パートナーシップ協定の交渉参加について、「聖域なき関税撤廃」を前提にするかぎり反対する――米国企業モンサント社（ベトナム戦争時の枯葉剤製造会社）が製造する種子「Ｆ１」（Ｆとは、Family の略、一世代しか使えないＤＮＡ組み換え種子）を世界の全農家に使用させて、世界の食糧を支配する世界戦略が、ＴＰＰ戦略に隠されていることに目を向けなくてはならない。ＴＰＰ推進者は、迂闊である。日本民族を滅亡させてしまう。

⑥原発の再稼働の是非について、すべての原発で三年以内の結論を目指す――福島第一原発大事故の惨状を聞いて、「二〇二二年、原発ゼロ政策」を決めて、実行しているドイツを見習うべきである。日本は、鈍感すぎる。

安倍晋三首相は、米国オバマ大統領から「ＴＰＰ（環太平洋戦略的経済協力協定）交渉参加」を強く求められており、明確な「交渉参加表明」を「お土産」にしない限り、米国訪問できない雰囲気だ。安倍晋三首相が、米国の軍門に下り「ＴＰＰ参加表明」するのはもはや時間の問題、なぜか？　いまここで参加・不参加のどちらかを決めれば、ＪＡ（農協）などの強い反発を受けて、「農家」の支持を失い、七月二一日の次期参院議員選挙に敗北してしまいかねない。それが怖いゆえに、迷わざるを得なかったのだ。

米国オバマ大統領は、「ＴＰＰ＝食糧支配（世界支配）」の戦略を展開し、その中心的な相手国を日本に設定している。貿易量から言って日本を上回る国はないからである。

＊日本に不利な極秘条件の暴露

二〇一三年三月七日付東京新聞夕刊は、「一面」で、「ＴＰＰ日本に不利な極秘条件」「後発国再交渉できず」「一一年参加表明カナダなど」「打ち切り権限も先進国」という見出しをつけて、スッパ抜いた。野田佳彦前首相が、「ＴＰＰ交渉参加」問題で大きなことを「隠し続けていた」という驚くべき事実が判明した。

ズバリ言えば、オバマ大統領から「ＴＰＰ交渉参加」を持ちかけられた菅直人元首相はもとより、「ＴＰＰ交渉参加」に意欲的で、事実上「参加」を決めていた野田佳彦前首相もこの「極秘条件」を聞かされていながら、国民に対して「隠し続けていた」ということである。菅直人元首相、野田佳彦前首相は「ＴＰＰ交渉参加」問題で大きな情報を隠し、安倍晋三首相を困らせている。

そのクセいかにも「交渉できる」と発言していた。野田佳彦首相は「ウソつき」と言われたくないために、「衆院解散・総選挙」に踏み切ったと言われている。だが、小沢一郎代表をダマした「裏切り者」であり、「マニフェスト違反」で「ウソつき」となり、そのうえに「情報隠し」で国民をあざむいていたとは、呆れ果てる。

東日本大震災・福島第一原発大事故被害に、もう一つ加えなくてはならないのが、「菅直人・野田佳彦」被害である。「三・一一」から丸二年が経ったのに、復旧・復興が進んでいないのは、ひとえに「菅直人・野田佳彦」という二人の首相の「失政」が大被害を招いていたという事実だ。

この二人の首相は、何をさておいてもスピーディに復旧、復興させるべきだったのに、こちらの方は片手間で、一番力を入れたのが「消費税増税法案を成立させること」だった。最優先すべきことをそっちのけにしていたのである。しかも、復旧・復興に最も大きなパワーを発揮できたハズの小沢一郎代表を「座敷牢」に閉じ込めたばかりでなく、「消費税増税法案」の採決で「反対」した小沢一郎代表を民主党から排除し除名したのである。

「菅直人・野田佳彦」両首相が、「政治力」（人とカネを動かす力）をフルに発揮できる政治家であるならばともかく、全くそうではないにもかかわらず、「排除の論理」と「純化路線」にこだわりすぎた。これこそ「大失政」の何ものでもない。もっとも悪いのは、多くの国民・有権者であり、マスメディアであった。「力のない指導者」の続投を認め続けたからである。これでは、被災地の人々が救われるわけがない。

＊安倍首相の参加表明

二〇一三年三月一五日、安倍晋三首相は、ＴＰＰ交渉参加を正式に表明した。「バスに乗り遅れるな」「後の祭り」という言葉がある。いずれも日本民族の心理状態を表す言葉である。

「バスに乗り遅れるな」は、世の中の流れに我も我もと押しかける動きを示す。中国市場が有望だと言われて、企業の多くが、ネコも杓子も押しかけて行く。本当に利益が上がるか上がらないかは分からないのに、「遅れてはならない」と焦り、どんどん中国市場に向かって行くのだ。その結果、身ぐるみ剥がされて、中国で作った設備を取られ、ノウハウを取られ、技術を取られて、スッテンテンになって、泣くに泣けない惨状のまま、そして失意のまま身一つで日本に帰ってきた経営者は少なくない。最近では、中国の従業員に補償金を支払わなければ日本に帰してもらえない経営者が増えているという話もある。

「後の祭り」というのは、「巧妙な口車に乗せられて」、相手の言い成りになって行動したまでは良いけれど、気づいた時は大損させられたり、足抜き出来ない状況などになっているときに言う言葉だ。

二〇一三年三月二二日、安倍晋三政権は、ＴＰＰに関する閣僚会議の下に甘利明ＴＰＰ担当相を本部長とする約一〇〇人体制の政府対策本部を設置、対外交渉を担当する「首席交渉官」（鶴岡公二外務審議官＝経済担当＝約七〇人のチーム、後に約八〇人チームとなる）と国内調整に当たる「国内調整官」（佐々木豊成＝官房副長官補＝約三〇人）を置くことを決めている。

この結果、安倍晋三首相は、ＴＰＰ交渉を官僚に丸投げし、米国に中央官庁を乗っ取られることになる。

「官僚依存型」である安倍晋三政権は、経済外交の交渉役を「官僚に丸投げ」した形だ。「政」から実権を奪い取った「官」は、外交交渉の中でその実力のほどが試される。だが、「結果」が思わしくなければ、国民から不評を買うのは、あくまで「官」となり、国会議員は甘利明本部長を含めて、責任を問われることはない。「官」は元々、「無責任」なので、最後は、責任回避しようと逃げ切るのは目に見えている。結局、ＴＰＰの交渉で不利益を蒙るのは日本国民ということになりかねない。

それでなくても日本のＴＰＰ交渉参加に照準を合わせて、米国から顔つきが日本人そのものである日系三世、四世が大勢送り込まれてきて、中央省庁に入り込み、すでにさまざまな圧力をかけているという。米国オバマ政権が最大の目的としているのは、各省庁が握っている各種の許認可権限を根拠とする「非関税障壁」を打ち破ることである。米国は日本の各省庁の官僚が抵抗の姿勢を示すと、ありとあらゆる手段を駆使して脅しをかけているという。実にすさまじい。

米国オバマ政権は、ＴＰＰを大義名分としてこれをキッカケに「中央省庁の乗っ取り」を図ろうとしているとも言われている。ＴＰＰを盾に各省庁が握っている許認可権限を取り払い、「無力化」して、米国の意のままに操ろうとしているのだ。

従って安倍晋三首相が「日本の国益を守る」と断言しているのとは裏腹に、交渉が終わってみると、国益のほとんどが米国に奪われていたという結果になっている危険性が極めて高いのである。もちろん、この結末を見て、ＴＰＰ参加から手を引き、足を抜こうとしても「後の祭り」である。

かくして日本は、「米国の完全植民地」と成り下がってしまう。これが交渉力の弱い官僚に任せっ切りになっている安倍晋三政権が導く「結果」ということだ。

あとがき

*安倍晋三首相らは、「米国のご機嫌を損なわないこと」を「国益」と称していた

安倍晋三首相が、「TPP交渉参加に向けた日米間の事前協議が決着した」と二〇一三年四月一二日に発表したときには、TPP交渉は、すでに勝負が決まっていた。その内容たるや、案の定、米国側の言いなりになっており、「譲歩に譲歩」という決着ぶりであったからで、これでは「米国の従属国」は、明らかであった。かつて対米交渉で剛腕を発揮した生活の党の小沢一郎代表が、「本当に交渉できるのか」と心配していたことが現実化していたのである。TPP反対の農家などは、失望感を表していた。

安倍晋三首相や甘利明経済産業相などは、米CIA対日工作者の顔色ばかりを窺っていて、相手が喜ぶと「お褒めをいただいた」と小躍りして大喜びしていた。これでは、米国に飼われた政権だと国民有権者からヤユされても仕方がない。「国益を守る」と強弁していたけれど、「国益=国民利益」ではなく、「米国のご機嫌を損なわないこと」を「国益」と称しているにすぎなかったのである。

TPP交渉参加の事前協議で米国が強く反対していた日本郵政の「かんぽ保険」の新商品

（がん保険）について、麻生太郎副総理は二〇一三年四月一二日の記者会見で、「適正な競争関係が確立されるまで認可しない」と述べ、「凍結」宣言していた。米国側は、日本郵政が「がん保険」分野に進出すると米国の保険会社が築いてきた日本市場でのシェアが脅かされるとしてかねてより圧力をかけてきていたからだ。

日本郵政は、小沢一郎代表と親密な元大蔵事務次官の斉藤次郎社長に続き、その部下の坂篤郎副社長が社長に昇格しており、麻生太郎副総理は、この関係を承知の上で、日本郵政が新たな収入源と考えている「かんぽ保険」を露骨に犠牲に供したとも言える。

＊安倍晋三政権は eBay で農産物などの輸出振興システム構築に全力を上げている

安倍晋三政権は二〇一三年八月二二日～三〇日にブルネイで開催されるＴＰＰ交渉会合のなかで、「コメ、麦、牛・豚肉、乳製品、サトウキビなど甘味資源作物の重要五品目」を関税撤廃の対象から除外するよう求めた。だが、その陰で農産物をはじめＴＰＰ体制によりダメージを受けるすべての産業の輸出振興を図る目的で「eBay（イーベイ）」を活用するシステム構築に全力を上げている。安倍晋三首相は、自らが掲げている「一〇年間で農業・農村の所得倍増政策」に早々と舵を切っていたのだ。すなわち、安倍晋三政権はＴＰＰ体制の下で eBay を活用し農産物などの輸出振興を図るシステム構築に全力を上げているのである。

eBay Inc. は、インターネット通信販売やオークションを手がける米国の会社で、インターネットオークションでは世界最多の利用者を誇っている。創立者は、ピエール・オミダイアが一九九五年九月三日、米国カリフォルニア州キャンベルで創立、本社は、カリフォルニア州サンノゼにある。安倍晋三政権は、eBay Inc. を活用するシステム構築を目的に二〇一三年度政府予算に五〇〇億円を計上しているという。

このプロジェクトを知るインターネット通信販売やオークションに詳しい専門家は、政府が水面下で進めている eBay を活用するシステム構築について、以下のように説明した。

ＴＰＰによってダメージを受ける農業はじめ全産業について、ある企業が取り仕切り、その企業の下に政府系金融機関と半導体メーカーがつくことになる。。政府系金融機関は主に農業関連をカバーし、半導体メーカーは半導体の設計を担当する設計開発商社として、エレクトロニクス分野、ＩＴ関係のインフラを構築していく。それぞれに一〇〇億円くらいの免責免税がかかり、資金は全て大手金融機関に入る。それを準備金とするが、それとは別に、二〇一三年度政府予算で、ＴＰＰ関連でダメージを受ける産業に対する支援予算五〇〇億円が確保されており、その資金で来年一月頃に向けて、この秋から具体的なプロジェクトに取り掛かる。

ＴＰＰによりダメージを受ける産業については、昔の休耕田みたいな、年間一〇〇〇万円支給するといったバラ撒きは一切止める。その代わりに、eBay・PayPal を活用した個々の産業の自立に向けた、ＴＰＰ関連事業の計画が準備されている。その構築の為に、「①eBay・PayPal が使え、②英語の取引ができ、③パソコンができる人材」を使って、eBy・PayPal のサポート体制を構築していくという。

eBayは、一九九七年に米国でできた世界一のインターネットオークションサイトで、ヤフオクや楽天オークションといった日本のオークションサイトは、このeBayを真似てつくられている。TPPを機に、ネットオークションは米国発のeBayがスタンダードとなることは間違いない。そして、TPP関連事業としてTPPでダメージを受ける産業の救済のための施策が、eBayを使った事業として水面下で構築されているということである。

たとえば、あるキャベツ農家が、TPPのあおりを受けて売れなくなって困っているとか、コシヒカリ農家でこれまで七七八%だった関税が九五%になって、海外から安い米が入ってきて困っているといった農家を、この事業で救済していく。

世界中の富裕層は、日本の美味しくて安全な米や野菜や肉といった食品を食べたがっているが、ヨーロッパやアメリカでは売っていないし、買う方法がない。一方の日本の農家は、売るノウハウを知らないし、総合商社はそういった個別農家対象の商売は扱わないし、相手にしない。

そうした個々の農産物をeBayを使って世界中の富裕層に販売していくのが、この事業の目的である。

eBayに出品するためには、法人であることが条件である。ここが日本のオークションサイトと大きく違う点である。日本のオークションサイトは、個人でも出品できる、いわばフリーマーケットのような市場になっているのに対し、eBayは法人でなければ出品することができない。出品者の基準が厳しく定められている分、買い手にとっては安心した取引ができる。世界の富裕層を相手にするには、そうした基準の厳しさが求められる。

ところが個々の農家の大半は法人格を持っていないので、この事業をとりまとめる企業が持つ「法人アカウント」の「枝番」を個別農家それぞれに発行していくことになる。

さらにeBayの決済システムは、全てPayPalという決済会社で行われる。買い手も売り手も、PayPalに決済のためのアカウントを登録しておかなければならない。クレジットカードもしくは銀行口座、またはＶＩＳＡのデビットカードでもよい。その場合も、売り手は法人としての登録が義務付けられる。

ちなみにＶＩＳＡのデビットカードとは、リーマンショックのときに米国の六割が破産して、クレジットカードがつくれなくなったため、救済策としてＶＩＳＡ決済ができるカードのことである。現在、日本では楽天が、ＶＩＳＡデビットカードを発行している。クレジット決済ではあるが、決済と同時に口座から決済金額が引き落とされる仕組みになっている。カード発行に審査はなく、原則的にだれでも作れる。現在、米国では約六割がＶＩＳＡデビットカードを使っているという。

eBayでの取引では、商品代金と関税、輸送費は、バイヤーが負担する。取引が成立すると、買い手はPayPalで決済する。インターネットで決済されるため、曜日に関係なく二四時間リアルタイムで決済が行われ、売り手は入金の確認をした後、商品を発送するという仕組みになっている。

この事業についての二〇一三年度政府予算は、参院議員選挙も与党が圧勝したので、執行が早くなり、この一〇月から準備を始めて欲しいと言っている。二〇一四年四月からのスタートが、一月からのスタートになりそうだという。

eBay・PayPal の実績があり、人材派遣会社社長の人脈を多数持っているITのプロが、どんどん準備を進めている。営業を管理する人間は、国際基準に沿って完全成功報酬型で、売上に対し経費を差し引いた半分が報酬となる。農家の負担はゼロ。人材の派遣費用は、復興庁が出す。ちなみに、この予算については、カジノ利権を狙っている石原伸晃環境相が通したという。

＊日本郵政の西室泰三社長が、米保険大手に資産三五〇兆円を差し出した

米国のTPP推進母体「民間企業連合」の主要メンバーである「保険業界」(生命保険会社協議会と世界最大の保険会社AIG)は、日本の保険業界が保有している莫大な資産を「ドル箱」とみて、これをメイン・ターゲットにしている。その本丸は、「日本郵政」の「郵便貯金と簡易保険」だ。ついにこの本丸の堅固な城壁に風穴をこじ開けて、攻め込むことに成功した。

日本政府が二〇一三年七月二三日、環太平洋経済連携協定（TPP）交渉に初参加したのを

見届け、日本郵政（西室泰三社長）と米保険大手アメリカンファミリー生命保険（アフラック＝チャールズ・レイク日本代表）は七月二六日、がん保険事業の提携を強化すると発表したのである。朝日新聞ＤＩＧＩＴＡＬが七月二七日午前二時三四分、「ＴＰＰに向け米に配慮　日本郵政・アフラック提携発表」という見出しをつけて、以下のように配信した。

「日本郵政と米保険大手アメリカンファミリー生命保険（アフラック）は二六日、がん保険事業の提携を強化すると発表した。日本が環太平洋経済連携協定（ＴＰＰ）の交渉に参加したのを受け、日本郵政の保険事業に難色を示す米国への配慮がにじむ。日本郵政の西室泰三社長は記者会見で『がん保険で一番実績のあるアフラックとの関係強化で、企業価値の向上が望める』と強調した。壇上にはアフラックのチャールズ・レイク日本代表らも並んだ。そのレイク氏は在日米国商工会議所名誉会頭をつとめ、日本郵政には『宿敵』だった。同商議所や米政府は、日本郵政の全株式を政府が持つため、日本郵政傘下のかんぽ生命保険ががん保険などに参入することを『民間企業との対等な競争条件とはほど遠く不公正だ』と批判してきた」

米国保険業界は、日本の保険業界と日本郵政（郵便貯金と簡易保険）が、様々な「政府規制」に守られていると認識しており、これら「非関税障壁」の緩和・撤廃を強く求めて、日本の保険市場のドアをこじ開けて、強引に参入しようとしてきた。そのため、米国は日本をＴＰ

Ｐ参加させようとしてきた。同時に日本郵政傘下の「かんぽ生命保険」が「がん保険」などに参入することに反対し、抵抗していた。これに対して日本郵政の西室泰三社長は、親交のあるレイク日本代表に大幅譲歩した感が強い。

ＴＰＰ参加で最も大きな被害に遭うのは、米国が「ドル箱」として食指を伸ばしてきた金融、保険分野が保有している「七〇〇兆円」規模の資産だ。農業がＴＰＰで被害に遭うのが一一兆円くらいであると試算されているのに比べると雲泥の差である。このなかの最たるターゲットが日本郵政傘下の日本郵政の郵便貯金が保有している資産三五〇兆円である。日本生命でさえ資産は五〇兆円しかない。日本郵政一社にはその七倍もの資産がある。生命保険業界全部を足しても郵貯より小さい。つまり、ＴＰＰに参加すると、国民の資産が取られてしまうことを意味している。

米国は、三井住友銀行の西川善文頭取を使って、何とか日本郵政の資産に食い込もうとして、ゴールドマンサックス社の代理人にしたうえで日本郵政の社長に就任させた。しかし、財務省や総務省が力を合わせて、米国に日本の資産を渡すまいと一生懸命努力したので、なかなか穴を開けることができなかった。日本政府が株を手放さない限り、米国の自由にはならない。

民主党政権下、細川護熙政権下で大蔵事務次官を務めた斉藤次郎氏が日本郵政社長に就任した。小沢一郎幹事長（当時）の人事であった。財務省の香川俊介官房長（現在、主計局長）は、竹下登内閣の小沢一郎官房副長官秘書官、斉藤次郎元大蔵事務次官の娘婿という関係にある。

ところが、二〇一二年一二月一六日の総選挙で民主党が大敗し、安倍晋三政権が誕生する直前、斉藤次郎社長は、「後任」として配下の坂篤郎副社長（元大蔵官僚）を社長に昇格させたが、この人事を嫌った菅義偉官房長官らが、坂篤郎社長の交代を求めたため、二〇一三年六月の株主総会で西室泰三社長（元東芝会長）に交代した。日本郵政と米保険大手アメリカンファミリー生命保険の提携強化により、財務省の「尊皇攘夷派」による対米抵抗は終わり完敗。また、総務省は「蚊帳の外」に置かれていたという。かくして、西室泰三社長は、日本郵政の資産三五〇兆円を差し出すことになった。

この結果、米保険大手アメリカンファミリー生命保険（アフラック）が、日本郵政との間で、がん保険事業の提携を強化すると発表したのを皮切りに、米国はさらに日本郵政の事業にグイグイ食い込んでくる可能性が大となった。アベノミクス政策の成功により、株が本当に上がるとみて、政府が保有株を手放すことになれば、積極的に買い進んでくることになる。「外資襲来」により日本国民の資産は、いよいよ本格的に根こそぎ収奪、しゃぶり尽くされる。

なお、本書は、執筆にあたり、データ収集を全国マスコミ研究会代表の海野美佳さんから協力を得た。また、株式会社グリーンオペレーションズのジェネラルマネージャーである鮫島寛行さんには、米国保険業界の「対日戦略」についてインタビューにより快くご教示していただいた。お礼申し上げる。

最後になってしまったが、本書の制作・発刊に際し、陰になり日なたになりお世話いただいた共栄書房代表の平田勝氏と、編集部の水野宏信さんに心より深く感謝の意を表したい。

二〇一三年九月一日

板垣英憲

板垣英憲（いたがき　えいけん）

　1946年8月7日、広島県呉市生まれ。中央大学法学部卒。海上自衛隊幹部候補生学校を経て毎日新聞東京本社入社。社会部、浦和支局、政治部（福田赳夫首相、安倍晋太郎官房長官、大平正芳首相、田中六助官房長官番記者、文部・厚生・建設・自治・労働各省、参議院、自民党担当など）、経済部（通産省、公正取引委員会、東京証券取引所など担当）記者を経て、1985年6月、政治経済評論家となる。

　著書は『戦国自民党50年史』（花伝社）『政権交代――小沢一郎最後の戦い』（共栄書房）『民主党派閥抗争史――民主党の行方』（共栄書房）『友愛革命』（共栄書房）『株を撃て――株式投資の心理学』（花伝社）『大富豪に学ぶ商売繁盛20の教訓』（共栄書房）など132冊。

公式HP　http://www.a-eiken.com/

Facebook　http://www.facebook.com/eiken.itagaki

twitter　https://twitter.com/info82634886

公式blog　http://blog.goo.ne.jp/itagaki-eiken（勉強会・DVD販売など各種ご案内も掲載）

http://bylines.news.yahoo.co.jp/author/（Y！ニュース個人）

板垣英憲『情報局』

※世界の政治・軍事・経済・金融を支配するパワーエリートの動きやその底流で行われている様々な仕掛けなどを中心に、重要情報（特ダネ）をキャッチして速報する。板垣英憲の過去著書も連載します。* 定期購読月額1000円

http://blog.kuruten.jp/itagakieiken（有料ブログ）

http://foomii.com/00018（有料メルマガ）

ＴＰＰ 本当のネライ——あなたはどこまで知っていますか

2013年9月25日 初版第1刷発行

著者 —— 板垣英憲
発行者 — 平田 勝
発行 —— 共栄書房
〒101-0065 東京都千代田区西神田 2-5-11 出版輸送ビル２F
電話 03-3234-6948
FAX 03-3239-8272
E-mail master@kyoeishobo.net
URL http://www.kyoeishobo.net
振替 00130-4-118277
装幀 —— 黒瀬章夫（ナカグログラフ）
印刷・製本— 中央精版印刷株式会社

ISBN978-4-7634-1056-6 C0036